人脈

自動上門來

翻轉魯蛇人生，讓伯樂主動來敲門！

編輯序 · Editor's preface

多數人在二十多歲的時候，很難會意識到人脈的重要性。總認為我就是我，我要做我自己，只要我喜歡有什麼不可以。在三十歲的時候，更是認為專業技能能取勝一切，公司會為了要我貢獻專業技能而重金禮聘我，所以公司沒有我不行。然而從四十歲開始才漸漸地發現為何做事總是事倍功半，為何你比別人專業、努力，甚至有點錢，但是別人總是輕而易舉贏你？讓老師和我們一起來探討這個有趣的問題吧！

書人人都會看，道理誰都會講，但是怎樣的書跟怎樣的道理才能真正讓人看得下去，願意聽得進去呢！我想，應該沒有什麼比一位身經百戰的成功者來傳授人脈這件事更有說服力吧！

接下來，我們將在老師的書中學習到如何「認清你是誰」、「調整自己」、「增強你的能力與魅力」，並學習如何「享受及運用人脈」。簡單來說就是教你先學會做人在做事。做事是一種技巧，而做人卻是一種德性，所謂技巧易學，德性難修。

如果說專業是利刃，那麼人脈便是秘密武器！

編輯小組

推薦序・FOREWORD

值得你好好利用的一本好書

人脈的運用一直是常常拿出來討論的話題，不管你年紀多大永遠跟人脈都脫離不了關係。能閱讀一本跟你息息相關，隨時可以運用的書，絕對可以讓你擁有滿滿的能量。

認識豆子算算也已經有十年了，我眼中的豆子一直都是任勞任怨、苦幹實幹不會計較的人，無論有多忙多累，他始終都是笑容滿面的面對每一個人。「沒有失敗，只有放棄」這也是他時時掛在嘴邊的話，相信跟他相處過的人都能感染到他的正能量。無論失意或得意，他對待人都是始終如一的客氣，我想，這也是他擁有好人緣的原因。

這本書用最輕鬆的論點最貼近生活的舉例，讓讀者讀起來沒有任何的負擔，也相對反映出任何人跟豆子相處都是非常愉悅的。從別成為「名片的回收箱人」提醒我們拿到別人名片要認真對待，這些都是人脈所在。到如何當好千里馬與伯樂，讓你重新審思領導與被領導的心態與思維。丟掉偶包才能讓人更容易親近你，更要演一齣人人都想追的連續劇。最後再說明如何提升自己的各項能力，善用各種工具集結人脈網絡，更不忘提醒情緒管理是人跟人相處愉不愉快重要關鍵。每個觀點的都非常貼近人心，讓人一直想看下去。

誠心推薦這本非常值得你擁有的好書，學習別人正向的想法與成功的做法，你也可以走到哪裡都有好朋友，人脈網絡越結越多，人緣越來越好。

寶順開發建設　總經理

推薦序 · FOREWORD

這是一本價值數千萬元的書

我非常喜歡學習與閱讀，因為這能讓我感覺到生命與存在，每一本書與演講都是作者畢生經驗的精華液，而其中我最喜愛的書籍與演講，是願意帶出自己大失敗經驗的大成功者。

在我研究的所有大成功傳記書籍中，所有大成功人士似乎都有一個特色：就是都會遇過大失敗。有的甚至是很多次大失敗，會大失敗表示承擔的非常大的風險與責任，因此才有機會大成功，而大成功表示著不會被任何巨大的問題與情緒巨浪擊垮。比起聽一位如何賺到千萬元的成功人士的故事，我更喜愛瞭解一位如何從谷底翻身的故事，豆子哥正是後者這一類的人。

第一次與豆子哥碰面我認為一切都是安排好的，那時剛結束當天松江路的BNI 商會，豆子哥此時為他的下一場演講場地親自而來，他簡單分享了他曾經潦倒與重新站起來的過程，讓他得以現在在大陸經營百貨公司，許多台商非常替自己的下一代憂慮，希望豆子哥能夠分享自己在大陸的見聞給未來的主人翁們瞭解，進而提醒台灣之美與小，必須建構在世界的競爭力之下。

「謙遜、慷慨、誠信」這是我對豆子哥的第一印象，因此我豪不猶豫主動提示希望能參與豆子哥的講座，豆子也很客氣的讓我了解此次的講座是封閉式的並表示未來有場次會主動提醒我，在幾週後豆子遵守了承諾通知我他的新講座，我當時只有一個想法，像這樣的前輩絕對是一生必須交往的良師益友。

這本書的內容，融合了豆子哥所有演講的精華，大家都知道人脈等於錢脈，但事實上這只是冰山一角，人脈和錢脈之間其實還有著一大段沒被說出距離，

那正是成功人士與一般人所下功夫的深度上，最大的差異。閱讀這本書首先能協助自己整理對於「人脈」的核心價值定義，接著會由內在引發出來自己內在的提問，例如瞭解人脈是需要「經營」的，那該如何去「經營」呢？這時就能在下一章節看到提示與引導，是一本結合「經驗」「工具」「世界觀」的黃金屋。

關鍵不是在如何成功，而是在成功者應該有的態度是什麼，這些在這一本書讀者都能完全吸收到，同時豆子哥是道地的台灣人，這才是最大的價值所在，豆子哥完美的示範與鼓勵所有讀者：我只是平凡人，我可以你一定也可以。正是這樣的謙遜與低調散發出了最大的能量。

今天讀者不需要買機票、住宿費、旅費、伙食費、交際費、學費，光是待在一間咖啡廳，就能舒服地看到井口外面的世界，如同看一場電影般，來理解從懷才不遇到到大智若愚的智慧捷徑。一本好的書能告訴你新知，一本經典的書則可以讓你行動，同步想法與現實的差距。

非常強烈建議讀者不要只是閱讀此書而已，請想各種辦法來認識豆子哥，他是我認識的成功人士中最謙遜的人士之一，試問：在生命中要認識一個成功人士有多少機緣？是多認識一位成功人士能帶給你更高的水平還是少一個呢？

賴芙鮑爾創意行銷　創意總監

淡于力

推薦序 · FOREWORD

我推薦你看看這本書！

　　當你接過這本書是否多少在心裡猶豫該不該花時間看完呢？或者是正因為是某某某推薦了你才特別想買這本書來看，正因是朋友所推薦的，是不是開始對書中的內容產生好奇？

　　過去，我也像大部分的人一樣對於如何發展人脈一知半解，認為只要跟人家請教名片，收藏好並且偶爾發發郵件與通訊軟體時常打招呼就好，可是，如果只是擁有聯絡方式，這樣並不是真正的經營人脈；在這個部分本書可以完整提供正確的小撇步給你參考。

　　其實，並不是做生意的、或者是做業務性質工作的人才需要建立人脈，與朋友間有心靈上的關懷，以及與人之間有良好情緒溝通的渠道都是人脈經營的重要環節；人脈經營的基礎都是建立在生活中、朋友之間或者職場上下屬關係溝通能力的基礎，能夠站在對方的立場進行正確且有效的對話交流，都是邁向成功與幸福的人生的重要訣竅。

　　近幾年來科技資訊的飛速發展改變人際活動的模式，大部分人們都習慣依賴電子郵件或是通訊軟體聯繫反而很少使用電話聯絡了，但因為身處於科技便利的時代，更要時常打電話與朋友聯繫，因為大部分的人都會忙到忘記回覆訊息或是郵件，這類的陰錯陽差產生摩擦，最後分道揚鑣造成人脈損失，其實是很冤枉的，到最後只剩下社群網站按讚的關係……。

我們都認為朋友有困難的時候伸出援手是一種體貼方式，但事實上別人沒有困難的時候我們也可以為對方著想這才是真正的體貼，如果可以發揮這個體貼真正的意義，在你需要別人幫助的時候就可以獲得及時伸出的援手，獲得意想不到的幫助。

學會這些小技巧，能重新用心經營朋友圈，也可因此更受到朋友的喜愛，甚至於得到更多的幫助。

無論在人生的道路上或者是工作職場上本書都能提供你正確建立人脈的方式，化為你實現夢想的助力，實現你的人生劇本。十年後需要什麼，我們今天就開始做！

翻開本書，與豆子金一同成長，你一定會愛上這本書的！

朋柏（廈門）電子商務有限公司　執行長

劉怡伶

作者序 · PREFACE

　　從多年前就有一些朋友鼓勵我出本書，把我多年的人生與職場經驗透過出書來影響更多的人。當然，我也曾有過這樣的想法卻不曾付諸實現。直到這幾年因為工作關係而兩岸奔走，才發現確實有很多的人汲汲營營的去做了很多無謂的事情，不僅浪費了很多的時間、金錢，還可能得罪了不少人。

　　我想，如果連我這個在 Google、Yahoo 都搜尋不到的無名小卒，甚至連大學都考不上的硬頸客家人。都能透過人脈的建立及說話談判的技巧，在兩岸能闖出一點點的小名堂，那就表示其實大家都可以做得更好。

　　我不是偶像，我只是一個在夢想道路上不斷努力的「NOBODY」，希望透過自己的努力有一天也能成為他人眼中的「SOMEBODY」。在這本書裡，我把我二三十年在社會打拼走跳的經驗，透過最簡單直接的文字來傳達出我的想法。人脈的建立及說話的表達都有一些小小的技巧及脈絡可循，「不是別人比你厲害，是你還沒學會」這句話是我一直提醒自己的話。也因為這句話所以我更加用心地建立人脈網絡，從人脈中獲得更多別人身上的知識，我也不斷地大量補充很多資訊與知識，希望別人跟我交談時能夠更輕鬆更愉快，且能在我身上得到一些些收穫。

　　這本書用了我自己的一些理念告訴讀者「不是沒有人脈，而是不知如何運用」。從一開頭的「認清你是誰」讓每個人都先懂得自己是誰，要如何發揮所長建立對的人脈。再來的「調整你自己」讓你知道不要用不對的

自我認知來破壞你辛苦建立的人脈，更讓你清楚「偶像包袱」是人際相處最大的鴻溝。透過「增強你的能力與魅力」來告訴你：人不提升就等著被取代，要如何的幽默才能讓大家開心又不失大體，最後才能在未來的生活上充分的「享受及運用人脈」。

希望用最樸實生活化的語言及文字，讓讀者都能輕鬆的閱讀這本書，並在無壓力的狀態下領略我要表達的事情。人生沒有這麼多的複雜，除非你的心已經複雜了。多去學學如何建立人脈的方法，少用情緒說出破壞人脈的言語，在人脈的建立路上你也可以無往不利。

社會已經夠亂了，不要再讓你的人脈網絡因為你的疏忽而崩壞。更不要因為你的「看不見、看不起、看不清」而「來不及」完成你該做到的事。請不要在該奮鬥的年紀選擇安逸，因為你不努力，別人想拉你一把，都找不到你的手在哪裡。

我，是「豆子」。是一個在夢想的道路上一直努力不懈的平凡人，夢想的道路沒有失敗，只有放棄。從小告訴自己的話：「只要肯努力，豆子變成金。」希望一顆小豆子有一天也能「撒豆成兵」，讓自己的理念遍地開花，幫助更多的人可以完成他的夢想。我在努力中～你呢？

目錄 CONTENTS

chapter (1) 認清你是誰

chapter
(2) 調整自己

(3) 增強你的能力與魅力

chapter (4) 享受及運用人脈

認清你是誰 01

　　在人際的場合裡，常常都會遇到一些強烈「自我感覺良好」的人，這些人往往都以為所有人都是以他為中心，認為自己是最厲害的（尤其某些星座較明顯⋯⋯）。這種人走到哪裡都覺得自己可以隨時呼風喚雨，甚至認為就算天塌下來他都有人脈能幫他扛。

　　但他們卻永遠都不會知道，他們只是大家茶餘飯後的消遣話題而已。要有好的人脈好的人緣就必須先認清自己是誰，別人又是怎麼看你這個人的，把自己認清的越透澈就能時時修正缺點，在人群中展現出最好的一面。

有效人脈 vs. 以為人脈

Effective social network and invalid social network.

　　人脈到底是什麼？什麼才叫好的人脈？人脈又該如何運用？你擁有多少有效的人脈，不是知道對方、稍微認識或見過面談過話就叫擁有人脈。你的人脈是有效的人脈還是你自以為的人脈，要把周遭的人都變成對你有實質幫助的有效人脈，就必須認真看待每一次可以認識人，可以建立人脈的機會，並做出最妥善的交流。

想把人脈吸引過來，
又不想成為別人茶餘飯後的消遣話題，
那你就要學會認清自己。

Youtube　　　喜馬拉雅

別以為有聯絡方式
就叫擁有人脈

在社會上走跳，

總有一些人為了要展現自己的能力，

都會常把「我手機聯絡簿裡有多少多少朋友」

掛在嘴邊，

深怕別人不知道或看不起他。

也有些人常喜歡說：「可以跟你請教一張名片嗎？」

到處跟人要名片，

要到別人的名片就認為自己認識了對方，

要是不小心要到知名人士的名片，

更會時時拿出來跟朋友炫耀說，

自己跟這位知名人士有多熟，

這種人通常容易自我膨脹。

要到名片後，
你以為交到新的朋友，
其實只是拿來自我膨脹的道具。

你是回收箱人嗎？

　　你們想想看，如果要到名片後會真的整理起來或建檔以備不時之需的，那還算是遇到好人。但往往遇到的都是在收集名片的「回收箱人」。雖然我不是名人，但我就曾遇過跑來跟我說認識我也有我名片的人，邊說還邊把手伸進包包裡如同尋寶般的抓出一堆廢紙、發票夾雜著一些名片。然後辛苦的找出那張應該是我的名片說：「你看，我就說我們見過面。」看到我那張被混進垃圾堆裡斑駁又折角的可憐名片，我心中突然澎湃洶湧的想問他說：「你包包到底多久沒整理了啊！可以別再折磨我的名片了嗎！」

當收集名片成為一種嗜好，
包包變成紙張回收箱時，
你的人緣也會跟著一起到資源回收桶。

你是加Line魔人嗎？

　　在這個資訊爆炸的時代，通訊交友軟體多的跟鬼一樣，周遭充滿著猶如遊魂般的人。才剛見面或聊不到幾句話，就連彼此話投不投機都還沒想法，就如同鬼魅一樣飄到你旁邊冷不防的來一句：「可以跟你加個Line嗎？」天啊！大庭廣眾之下旁邊還有其他朋友在，我們好意思說：對不起，不方便喔！

　　心中的OS也只能翻白眼，你知道加了Line再封鎖刪除是很麻煩的事嗎……。

　　如果很客氣且婉轉的回答說：「對不起，我很少用Line喔！」這個軟釘子應該算清楚而柔和不傷人了吧！但，每次都會不幸的遇到已變成精的大魔王說：「沒有Line啊，還是我們加微信或Facebook。」

　　你說，我還能拒絕嗎？我又不是山頂洞人，怎麼可能沒用Line、微信或FB。到最後我們也只能臣服於魔神的攻勢底下。

當你秉持被討厭的勇氣，
鍥而不捨的跟別人要聯繫方式時，
你就已經成為被討厭的那個人。

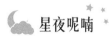 星夜呢喃

別以為有聯絡方式就叫人脈，人脈是須要用心經營的。別只是
一味的收集別人的名片，加了一堆的 Line 好友就沒下文了。人
脈是靠聊出來而不是靠收集來的，不要真的以為有聯絡方式就
叫有人脈。哪天真的要用到時，才發現別人根本不認識你。

是客戶名單還是人脈

很多人認為只有從事業務性質的人才需要人脈。
但，卻有太多的業務相關人員，
把原本辛苦建立的優質人脈網絡，
在短短的一小段時間就破壞殆盡了。

優質人脈網絡一開始通常建立於
彼此無私的付出及相互協助，
如果不小心的直接把它變成「客戶名單」，
往往會讓人脈網絡變質，
甚至馬上消失。

客戶名單可以變成優質人脈，
人脈也可以變成客戶。
要如何妥善且平和的轉移，
取決於「利益」與「現實」的拿捏。

很多人將到手的棉花糖塞入嘴後，
發覺變不好吃了，
因為吃下去，糖果就消失了。

單刀直入嚇跑人

一些「不肖」的業務相關人員，
每次出現時總表現出收入很多、人脈很廣。
像蝴蝶般的花枝招展、像蜜蜂般的到處採蜜；
又如蜻蜓般的點水就走。
好像人脈很多、事業很大及工作很忙。

這種人總是會突然出現在你旁邊，
一跟他聊天他就滿口的產品、制度、公司經。
也不管你適不適合，更不在乎你需不需要，
只要一有機會就猶如滔滔江水連綿不絕，
如黃河氾濫一發不可收拾的盡情說明、
介紹公司有多好、產品有多棒、制度有多強。
原本想跟他好好親近、熟悉的人脈，
也因為害怕被強迫推銷而漸漸遠離。

不是產品不好更不是公司不好，
是你故意或不經意地推銷手段
讓我們遠離的。

平和轉移人幫人

難道只要遇到推銷就會傷害人脈嗎？
當然也有非常多優良的業務從業人員，
真心誠意的為別人想，
時時刻刻的幫助別人，
適時適當的提供對的產品及服務，
每次出現總能賓主盡歡，從不喧賓奪主。

這種可以巧妙的轉換人脈與客戶名單的人，
通常都是公司中創造高業績績效的佼佼者。

 星夜呢喃

只要真心誠意的待人，時時願意無私的為他人著想，把利益暫時退到第二線。相信你的客戶名單都會成為你的優質人脈，你的原來人脈也會成為你的好客戶。

人都是敏感的，
只要你發自內心真心交朋友，
朋友也會拿出真心接納你的。

你要的是「人脈」還是「幫助」

　　你的人脈網絡是能幫助你的嗎？有很多的宅男宅女每日除了上課、上班外，一下班下課就回到家裡進入自己塑造的 3C 網路世界而不再出門。平常當然也不會跟太多的朋友出門吃飯喝茶聚會，所以他們有很多人都覺得不需要建立人脈。乍看之下這個階段的他們確實不需要人脈，但，真的是如此嗎？

　　或許人脈在用不到時你會覺得自己不需要，但總是到了突然有緊急事要用時，這才發現原來自己的人脈竟然少的可憐，自己認為好的人脈竟在要用時完全派不上用場。尤其是有一些人在網路遊戲世界裡認識了無數人（都是從未親眼見過面的人），就以為自己擁有大量人脈，肆無忌憚

要當虛擬網路中的英雄，
也要記得回來現實社會幫助人喔！

的在網路上充當酸民到處砲轟別人，總認為如果出事了
一定會有一群人出面相挺，而實際上是一旦出事時，叫
天天不靈、叫地地不應。那些在網路上跟你稱兄道弟的
一群人，突然跟人間蒸發似的，消失的無影無蹤。這些
人難道也可以稱得上是「人脈」嗎？

還沒用到不代表用不到

　　月有陰晴圓缺、人有旦夕禍福。小勝是一位
30 歲未婚稱職的宅男，因為從小就是單親跟著母
親相依為命生活，跟母親的感情也非常的緊密。
有一天母親在家中突然昏倒，小勝馬上叫了救護
車送母親到醫院急診。經過一連串的檢查，得知
母親是大量胃出血，原因是因為要償還債務，所
以已經有很長一段時間都沒日沒夜的加班工作。
也就是這樣才造成飲食及作息不正常導致胃出血，
醫生也緊急決定要馬上開刀。又經過一番開刀的
折騰，醫生建議要住院一周，但在開完刀後護士
卻把母親的病床推到急診室旁邊的走道，原因是
醫院的病房不足，病房最快要三天後才有。看到

別人都有病房可以住，而表情痛苦的母親卻只能被安置在急診室的走道，小勝打電話給所有手機電話簿的人請求幫忙，這時才發現自己的人脈根本就無法幫任何的忙，只有口頭上的關心而已。這時的小勝才驚覺原來自己不是不需要人脈，而是還沒機會用到。

你以為你不需要的東西，
往往在你最需要的時候出現。

 星夜呢喃

你要的是「人脈」還是「幫助」，只要大量的建立人脈並正確且用心的經營，相信你的人脈總會在你最需要時，給你最大的幫助。

你的人脈存摺存了沒？

How is your social account book?

　　錢，需要有銀行來儲存並由銀行存摺來顯示與管理。書，在圖書館裡分門別類的上架排放，而由圖書館的分類目錄進行分類與管理。檔案資料也在電腦裡儲存，並在檔案夾裡進行儲存與管理。那你的人脈該怎麼處理呢？從十幾二十年前就有人開始討論「人脈存摺」這個話題，記得曾經看過有一段話是這樣說的：如果你沒有一個有錢的爸爸，也沒嫁給一位有錢人或娶到一位富家女。那「人脈存摺」將是你扭轉命運的一個好機會。人生的道路上，學歷是銅牌、能力是銀牌、人脈是金牌。現在的你幾歲了？人脈存摺經營的階段，20 到 35 歲是建立人脈，35 到 50 歲是經營人脈，50 歲以上是享受人脈。你是哪個階段了？你的「人脈存摺」開始存了嗎？

人脈會運用才叫人脈，

不會用就叫司迪麥（口香糖），嚼完就吐掉。

不是你吐掉就是對方吐掉。

Youtube　　喜馬拉雅

多久沒有打電話了

　　自從有了手機的發明後，一般人的頭腦已經記不住幾組電話號碼，隨著手機記憶體的增加，每個人電話簿裡面儲存的聯絡人也越來越多。但，聯絡人數量不論是20人、200人甚至是2000人，你有多久沒有打電話問候對方了？古人說：見面三分情。在現在忙碌的社會，連好朋友要見面的時間都已經很少，連三分情都沒有了更何況是手機裡的眾多聯絡人。也就是這樣每每接到久久沒聯絡的人打來的電話，就會怕怕的。怕被推銷、怕被開口借錢、怕被找去做傳直銷，人跟人相處的基本信任正在一直的遞減中。

　　常常有一些朋友來找我討論如何擴充人脈，我都會請他們先把自己手機電話簿的所有聯絡人打過一次電話，跟這些人好好聊聊天。但，幾乎有九成的人都告訴

沒事多打打電話聯絡朋友，
讓朋友知道你還在喔～

我：打電話我也不知道要聊什麼？這就是現在人的普遍問題了，連聊天都不會還要怎麼拉攏感情。打電話不會聊天就表示打電話的次數太少，熟能生巧越常打電話就越熟，越熟就越容易聊天。這不就是雞生蛋、蛋生雞的問題嗎！平常都不會打電話給人聊聊天問候一下，當真的有事要打電話給人的時候，就會讓對方害怕或誤會。所以現在就拿起電話開始打給你手機的聯絡人吧！

社交通訊軟體
能取代聲音問候嗎？

Facebook、手機簡訊、MSN、Whatsapp、Line、微信……等，一個世代一個世代的通訊軟體發明，乍看之下人的距離是拉近了，但人與人相處的溫度卻下降了。每當透過社交通訊軟體傳送一個訊息給人的時候，就期望對方馬上看到或回應，只要對方沒回應或很久才回應，就情緒上來一副別人欠你多少錢的樣子及態度。尤其看到已讀不回時更是糞便衝腦、以糞洗面，滿腦都是憤怒思想然後一臉的屎樣，彷彿隨時想殺人的樣子。難道不知道電話有一個功能叫做「撥號」嗎？真的有事撥個電話不就好了。當然也有很多人會說：就是怕對方在忙才會傳訊息啊！或是說：就是打了很多通電話都不接才會傳訊息啊！那對方就不能在忙嗎？不能沒空嗎？不能忙到忘記回應嗎？不能不想理你嗎？

見面三分情，聽聲也有兩分情，
訊息只有一分情。

社交通訊軟體的確帶給我們很多的方便，但也造成了人與人之間不少的不愉快及誤會。善用社交通訊軟體而不被它操控與左右情緒，才是我們應該學習的事。

駐留還是過客

人脈經營強弱首要注重的
就是在對方記憶裡駐留的時間長或短，
每個人在別人的生命裡都是一個「過客」，
只是每個「過客」停留的時間
一般都會影響他在你心中重要性的多寡。
要想累積一個越來越多的「人脈存摺」，
就是要想辦法讓自己在他人心中佔有一席之地，
佔得越久這人脈就可以幫你越多。

常常出門結合人脈
還要記得存到你的人脈存摺喔！

在越多人的心中駐留就表示你的人脈越廣。那要怎麼才能駐留在別人的心中呢？有幾點必須掌握的。

① **出現**，常常出現在他看得到的場合，並時常打招呼增加印象。

② **提供**，適時提供他要的幫助。

③ **解決**，偶爾盡力解決他遇到的問題。為什麼是「偶爾」？因為你不是神，不要把別人的事都攬在自己身上，不然你會累死。做得好會累死，做不好會被罵死。

 星夜呢喃

人一生中有無數的過客，只要能成為對方心中很有印象的過客，那對方就會把你記得牢牢的，當他的心中有你駐留過，你的人脈存摺也就會存的越穩固。

當個朋友間的里長伯
而不是三姑六婆。

潛水也要記得抬頭

你潛水多久了？

人一輩子都會接觸很多的群體，

從學校同學、公司同事、軍中同袍、社團同好……等，

有些人可以在各個群體裡面左右逢源八面玲瓏。

但，絕大部分的人在群體裡，

都是處於潛水被動式的經營人脈。

要想儲存你有效的「人脈存摺」

就要時常把頭抬起來露出水面，讓更多的人看到你。

尤其在這資訊爆炸的時代，

每個人在各式各樣社交通訊軟體上，

一定都有非常多的群組，

社群網路群組是很好讓你快速累積「人脈存摺」的地方，

只要你時常適時的出個聲發表個意見

都會比較容易讓人記住你。

你還在嗎？
要時常抬頭才不至於淹死喔～

抬頭也要有技巧

三人成群，
一個群組裡面可能是三人也可能是三百人。

如果是三五人的群組比較好發揮，
因為小群組通常是比較要好的朋友
或是有特殊任務才建立群組，
只要每個話題都參與出個聲音
就會被其他人認同你的存在。

而幾十人甚至上百人的群組
就必須使用一些技巧讓大家注意到你，
可參考以下幾個技巧：

技巧一：發問

　　找一些問題在群組上詢問並請教大家。目的是讓你知道群組裡有哪些人是熱心熱情的人，哪些人是用專業在交朋友的人，哪些人是潛水不出聲的人。越知道每個人的特質就越懂得哪些人可以儲存在你的「人脈存摺」中。

技巧二：讚聲

　　群組中常常都會有人提出一些問題或論點需要別人的支持，要記得給人適時的讚聲，因為有時你的一個讚聲可以讓對方高興非常久，也讓他對你感謝而注意到你。

技巧三：快速回答

　　當有人在群組詢問問題時，如果你知道就立刻回答。如果你不知道但有空閒時間，就馬上從其他管道得到答案並馬上在群組回答他。如果無法在第一時間回答，或已經有一些人回答了就不需再回應，因為容易被他人當成馬後炮。

技巧四：關心

　　當有人發生什麼事情時（無論是好事結婚生小孩、生日入宅、升官發財，或是悲慘的事）都要立即表示關心甚至親自出現表達心意，這個舉動都會讓人覺得窩心。

 星夜呢喃

「人脈存摺」是人一生非常重要的資產，千萬不要輕忽表現。在每一個群體都不要只當一個潛水夫，隨時記得抬頭看看，只有抬頭才能讓人知道你的存在，唯有存在才能建立真實的人脈。

小心處理你的人脈存摺，
別讓辛苦建立的基業回歸於零。

別人眼中的你

In others' view about you.

　　你看到的自己，跟別人看到的「你」有一樣嗎？我們處在的社會是人與人密集交織交會的社會，人跟人的相處不是我想怎樣就可以怎樣的。藝人李明依在二十幾年前有一首歌曾說到：只要是我喜歡，有什麼不可以。當時的年輕人強力支持這個想法，把這句話當成了隨心所欲做錯事的完美解釋。在教育文化界掀起一片波瀾也引發了不少爭議，好像甚至還一度要禁播這首歌。當然你可能會說：難道我們連做自己的權利都沒有嗎？答案是：當然不是！

　　只是人跟人相處，群與群相聚就形成了社會，我們在這個社會生存的好不好，就取決於你在別人眼中是怎麼樣的人。你可以反駁，但你無從逃脫。

做自己真的能得到尊重嗎？

台灣話有一句俚語是這樣說的：

有錢的烏龜坐大廳，沒錢的秀才人人驚。

你有錢沒錢是取決於你自己嗎？

當然不是，不都是別人對你的想法跟看法嗎？

想想看，

如果你看起來就是一副家徒四壁、窮酸刻薄，

一臉身無分文、苦命哀愁的樣子，

中午去麵店買麵或到便利商店買東西的時候，

你以為麵店老闆及小七店員

還會保持微笑熱情招呼你嗎？

屁啦！你別想太多了。

不要動！
大家都正拿著放大鏡在看你呢！

那或許你說那你在網路世界就可以做自己啊！

那你更應該想想看，

如果你網路上的暱稱是一看就很兩光，

而遊戲等級又差到不行。

你想，還沒開始就認為會輸了，

還有誰會想跟你一起打怪、一起佔領堡壘？

了解別人眼中的你，

才能知道該如何修正你自己，

時時修正自己才會讓人脈越來越親近你。

哈哈！憑你這副寒酸樣，
要怎麼才能加入我們上流社會啊～

POINT

2

你是干擾還是資訊

在群體裡常常會聽到：

你要找吃的就找 XXX 問就對了，

他最會（懂得）吃了。

電腦或 3C 問題找 XXX 就好了，

他對 3C、電腦非常厲害。

要去哪裡玩找 XXX 就對了，

他都常常出國也常常到處玩，

問他最快了。

這些人都是朋友眼中的資訊來源中心及問題解決中心。

小馬是個對 3C 資訊非常專業的人，

由於在大公司的資訊部門擔任主管多年，

對於所有朋友來說他就是所有 3C 問題的諮詢站。

也因為這樣常常都有朋友一直巴著他問問題。

從一開始的熱情回答每位朋友問題，

到最後開始煩躁，

覺得為什麼大家都這麼笨，

講了很多次都還聽不懂。

於是小馬把自己會的資訊

及累積朋友問他的問題全部整理成冊，

並自己反覆練習如何回答朋友問題。

就從他開始這樣做之後，

只要是朋友問他問題他就像學校老師一樣，

一定要把對方教到會。

就算朋友的問題只需要 3 分鐘就回答完，

他也會用 30 分鐘甚至更久的時間說明解釋。

一開始周遭的朋友都覺得非常好，

可以學到很多東西，

但時間一久朋友都發現

小馬在跟大家聊天時已經變成喋喋不休的人。

別人只要 5 分的東西他卻一次給到 90 分。

多的 85 分全部都是多餘的資訊，

當得到太多不想要資訊的時候，

這個資訊就變成了干擾。

所有朋友越來越不喜歡跟小馬聊天，

甚至 3C 的問題也不去問他了。

 星夜呢喃

提供適當的資訊能解決很多人的問題，也讓人喜歡跟你詢問及
討論。但，一旦供給過多的資訊、雜亂的資訊或無用的資訊時，
就會變成干擾源，只要干擾源一成立，人們就會漸漸的遠離你。

醒醒吧！
你說得口沫橫飛，
我聽得一頭霧水。

你是隱形殺手還是隱形人？

人群裡有兩種人總是讓人不舒服，

一種是隨時都可以得罪人

而自己完全沒感覺的「隱形殺手」，

另一種是從來都不出聲音

在群體裡可有可無的「隱形人」。

這兩種人充斥在我們身旁，

一個是想忽略都難、

一個是想記起來都難。

但仔細想一想我們是否也時常成為這樣的人呢？

隱形殺手比利刃還傷人

「是怎樣，這麼晚回來都不用打電話喔？」

「一直看手機，你是想把眼睛看瞎喔？」

「車開這麼快，你是要趕投胎喔！」

「你最近吃很好喔，身材越來越寬耶！」

「唉喲！你怎麼這麼瘦，你爸媽都沒給你吃飯喔！」

以上言論是否也一直常出現在你的周遭。

其實說這些話的人一部分是因為情緒才會這樣說，

但有很多人卻是自認幽默或平常就存心想揶揄人。

這些人也許說出這些話都認為沒有什麼，

但聽到的人心中卻有無數的圈圈叉叉。

這些隱形殺手就在各個群體裡，

不斷的扼殺別人對他的信任及喜好。

隱形人需重新定位自己

　　另一種人是都有加入各種群體或群組，但當群體或群組的人要表決、詢問、請教或請求支援時，永遠都得不到這些人的回應。明明群組有一百人，但每次出聲回應的就是那些二、三十人，另外那些沒回應的人並不是沒有看到，只是認為不干我的事，這種人也慢慢的成為朋友身邊的隱形人。而你說這些人會沒有朋友或群組嗎？如果這樣想你就錯了，這些人手機裡的群組可不少於你我的，那你又會問朋友都知道這些人的態度，幹麻又要邀請他們進群組呢？哈哈哈，因為這就是社會嘛！一來這些隱形人通常比較會配合其他人，所以一叫就進群組。二來開（經營）群組或群體的人當然希望自己群組的人可以多一點啊！所以一開始只要是有沾上邊的人就會被邀請加入，到了群組壯大起來人變很多了，隱形人越來越多時才發現群組越來越難管理，想要把這些隱

我們藍色神教正式成立，
大家一起來吧！

哇！又有「教」成立耶！
我們快去加入吧！

形人請出群組卻又怕得罪人而不好意思趕人，到最後群組就越來越沒用了。你是否也有很多這樣的群組呢？還是你就是這些群組的隱形人呢？好好重新定位你自己在每個群體、群組的定位吧！

星夜呢喃

隱形殺手與隱形人都是群體裡傷害人脈的類型，如果你是隱形殺手就認真修正你說話的用字遣詞吧，說話前請三思而後言。如果你是隱形人就請多說說話，多用點心在你的每一個群體及群組吧！

說「人話」別說「行話」

　　很多人在聊天的過程中一直想要「說明」清楚很多事情，卻用了更多別人聽不懂的話來解釋剛剛說的話。

以下是甲乙兩人的對話：

甲：現在我們已經進入了「Artificial Intelligence」的年代。

乙：？？？（滿臉疑惑卻不知道要問什麼）

甲：「Artificial Intelligence」就是所謂的 AI。

乙：？？？（好像聽過又不太確定自己真的知道）

甲：AI 就是人工智慧。

乙：？？？（確定聽過，但……干我什麼事？）

甲：「人工智慧」就涉及了意識、自我、心靈及無意識的精神……等等。

乙：？？？（打哈欠中……越來越聽不懂了。）

甲：那「無意識的精神」就是……

乙：？？？（天啊！越聽越無趣了，我可以走了嗎？）

以上簡短的對話你有感受到已經讓人越來越不想聊下去了嗎？而這種聊天方式卻一直在我們身邊發生。

說人話真的這麼難嗎？一般會常說「行話」且越說越複雜的人，通常有分成三種人。

① 自認專業

這種人都是積極想展現自己的專業並深怕別人聽不懂他的話，所以會用很多的專有名詞來跟人聊天表示他的專業。

② 不會聊天

想主動與人溝通，但一般大眾通俗的話題又沒有涉獵，所以一有聊到與他相關的話題時，就會用盡所學的東西來講出一般人一時無法聽懂或領會的事情。

③ 工作浸腦

平常時間除了工作還是工作，隨時隨地都在工作狀態。由於長時間面對自己工作領域的所有專業及專有名詞，已經把這些東西融入平常生活甚至認為這些都是基本常識，每每跟人聊天時就會不自覺的說出「行話」，而當對方有一些疑惑時就會用更多的「行話」去解釋剛剛的話。常常這樣都會搞到大家都聽得一頭霧水。

教頭說的都是對的！
讚美 SEAFOOD！感謝 SEAFOOD！

🌙 星夜呢喃

人與人相處並不需要這麼複雜，多放鬆一點過生活，別有這麼
多的專業用詞及術語，多說「人話」少說「行話」，多用心關
心而少專業面對，你將會更加容易融入每一個朋友圈。

物以類聚、人以群分

Birds of a feather flock together.

　　古有云：龍交龍、鳳交鳳，老鼠的兒子會打洞。一樣類型的人通常都會聚在一起。不管你是好人、壞人、男人、女人、大人、小人（oh～no！是指小孩）、老人或年輕人，你的周遭總會有幾個或一群人在你身邊。

　　你跟你身邊的這一群好朋友在別人的眼中是怎樣的一群人呢？是友直、友諒、友多聞的良師益友，還是什麼事都做不好的烏合之眾，是聚集能人雅士的復仇者聯盟，還是臭味相投，不是垃圾不成堆的超級破壞王。近朱者赤、近墨者黑，想要擁有怎樣的朋友，首先你自己就要成為那樣的人。

近朱者赤，近墨者黑。
滾！別把你的負能量傳給我。

Youtube

喜馬拉雅

你的夢想是什麼？

周星馳在《功夫》一片中提到：做人如果沒有夢想，那跟鹹魚有什麼分別。人不會跟沒有夢想的人長期來往，因為沒有夢想的人每天都是一天過過一天。夢想可以帶給我們希望，夢想可以帶給我們方向，夢想可以讓我們知道未來在哪裡，有了夢想你才知道要為誰而戰、為何而戰。夢想可以很偉大、夢想也可以很靠近。你的夢想只有你能實現，你的夢想只有你能完成。沒有可笑的夢想，只有連想都不敢想的人。

沒有夢想的人通常容易比較自私，所有事情只想到現在，現在我不爽，現在我不要、現在我不高興、現在我不想動……從不顧慮身邊還有其他人，所有思考都以自我為中心，也因如此，這樣的人會讓身邊的人脈害怕接近而漸漸遠離。

夢想都是有長翅膀的，
你不快去追，它就飛走了。

別用活在當下做自己當藉口

　　沒夢想的人還會給自己下了一個很好的藉口叫做「活在當下」，我的老天鵝啊！活在當下是指你在有夢想人生的道路上每天都做好自己的本分，完成自己每一天的目標不要好高騖遠。

　　當然也有人會說：人就是要「做自己」啊！幹嘛在乎別人的眼光。做自己當然非常好，但你確定你自己是對的人？是真的好的人嗎？我們是人不是動物更不是禽獸，不是肚子餓就可以隨便抓東西吃，累了就隨便找個地方躺。如果你還沒有把自己調整成一個好的狀態，那做自己有可能就會不斷的在無形中傷害別人。

 星夜呢喃

夢想它雖然只是一個念頭一個想法，但它會指引我們如何前進，它會讓我們知道該如何努力。沒有夢想就像開車沒有目的地一樣，永遠不知道何時該走何時該停，直到車子開到壞掉你都還不知道到底要去哪裡。

跟著巨人的腳步走

　　跟著巨人的腳步走，你身邊有巨人嗎？那你身邊的巨人又是誰呢？在人生的道路上我們時常會迷惘，常常不知道下一步該怎麼走。在沒有方向的時候秉持著三個原則，你將會快速找到方向。

① **找到嚮往追求的偶像**：這個對象也許不是赫赫有名的公眾人物，但在你心中就是讓你羨慕，想過他這樣生活的人。把你對他羨慕的地方牢牢地刻在你的心裡，並時時刻刻告訴自己很快就能跟他一樣。在自己潛意識植入嚮往對象的成功畫面，你將會不由自主的邁向跟他一樣的成功。這就是信念的力量。

② **找到身邊比你成功的人士**：成功人士的定義就是只要你自己認為他比你成功，那他就是你身邊的成功人士。對於這種人你就是想盡辦法不斷的請教他成功的方法，打開你的吸星大法把他的所有知識、經驗都吸取過來。

③ **走他們正在走的路**：找到嚮往的偶像及比你成功的
人士後，就要發揮你福爾摩斯的精神，仔細觀察他
們正在做什麼事及他們提到想做的事，跟著他們的
腳步、隨著他們的思路，模仿他們的思維走他們正
在走的路，先趕上他們再想辦法超越他們。這樣才
會青出於藍更勝於藍。

跟著巨人的腳步走，
你放心，巨人都有洗腳，腳不臭喔～

站在巨人的肩膀上

牛頓說：「如果說我看得比別人更遠，那是因為我站在巨人的肩膀上。」雖然這句話是牛頓當時用在嘲諷別人時說的。我們不去探討當時牛頓的用意，但就針對這句話是否讓我們體會更多呢！

跟著鯨魚（別再挑剔鯨或鯨魚的語病用法了）你的世界是無邊的海洋、跟著老鷹你的視野是無盡的大地、跟著月亮你的未來是浩瀚宇宙。學習前人的智慧、跟隨能人的腳步，先學習再創新、先模仿再突破。跟著成功人士的視野看趨勢看未來，你可以看得更遠更清楚。站在巨人的肩膀上跟著巨人的思維走，你的目標將不會只是對面的標靶，而是天上的月亮，因為目標是月亮，就算沒有打到月亮也會打到貓頭鷹，至少都是往上。

🌙 星夜呢喃

有錢人跟你想的不一樣，巨人的思維與行動是我們必須學習與跟上的。唯有跟著巨人的腳步再站在巨人的肩膀上，才能看得更遠做得更好。千萬別讓自己成為思想的巨人，行動的侏儒。

越沒錢越要大方、
越有錢越要低調

　　錢要用在對的地方，而我所說的「大方」並不是要
過奢華的生活用好的東西或打腫臉充胖子到處請客，要
大方的地方要針對以下幾點：

① **對自己的腦子大方**：我們的腦是上天給我們最好的
　　禮物，大腦需要大量的養分供給它、需要大量的知
　　識刺激它、需要大量的資訊啟發它。凡事要花在養
　　分供給、知識刺激及資訊啟發的所有東西，都應該
　　大方的花。對於書籍、周刊月刊、各類演講講座、
　　各類專業的教育訓練、有意義的電影、影集都要非
　　常大方，大方的幫助你的腦，你的腦將會有智慧完
　　成你的所有目標及夢想。

② **對自己的家人大方**：家人永遠是你的最強後盾，家和萬事興，家亂萬世貧，家人是我們的避風港，家人是我們的大靠山。對家人大方，把最好的東西留給家人，家人會給你無與倫比的勇氣來闖蕩江湖，家裡無後顧之憂你才可以全心的衝刺你的事業與未來。雖然家裡是最不適合講夢想的地方，因為這裡的冷水最冷；家裡是最不適合講理的地方，因為愛是沒有道理可言的。（以上言論只針對正常的一般家庭，至於那些「不對」的家庭，就不在我的服務範圍了。）

③ **對社交的人脈大方**：有句諺語：在家靠父母，出外靠朋友。你這輩子想要成功必須靠著無數的人脈才能完成，而「人緣」是建立人脈很重要的一個環節。有好人緣的人絕對都是大方的，沒有人喜歡跟小氣的人當好朋友。我們也常常聽到一句話是：「聽君一席話，勝讀十年書。」跟別人聊天是非常棒的事情，有時朋友的一句話或一個觀念就足以讓你豁然開朗、茅塞頓開。現在的人因為 3C 用品的發達，宅男宅女越來越多，很多人都把錢花在買 3C 相關產品、網路上的東西及遊戲應用程式，越來越少人願意多花錢在跟朋友吃飯喝茶聊天。就是因為這樣，人脈就漸漸的消失了。別再應該拋頭顱灑熱血的時候選擇龜縮或逃避，不然等你需要幫忙時，想要拉你一把的人都找不到你的手在哪裡。

大方的對待人脈，
有一天它會還你你想不到的未來。

☁ 星夜呢喃

沒錢時的大方是可以讓人對你更加的認同，認同你願意多為別人付出。有錢時的低調是讓人感受你的謙虛與謙卑。讓別人認同你的付出、感受你的謙卑時，你的人脈就會一直被你吸引過來。

調整你自己 02

　　你在朋友中都扮演怎樣的角色？你是對的人嗎？你是值得讓人信任的人嗎？在朋友眼中你是充滿笑聲的開心果，還是時時刻刻都在抱怨的氣氛終結者。你有站對位置發揮所長而隨時讓自己處於最佳狀態嗎？如果以上問題你還有一些不肯定，請盡速調整你自己。把自己調到對的位置、對的心態，你的人脈將會隨之而來。

伯樂與千里馬

Pearls are everywhere but not the same as the eyes.

　　你是否常常覺得自己懷才不遇，空有滿腔抱負卻得不到別人或上司的賞識。還是你自認為你是位好老闆好上司，到處尋找卻遍尋不著合適的員工或合作夥伴。伯樂與千里馬的故事時時在我們周遭上演，甚至我們就是自認的伯樂或千里馬。

　　如果你是千里馬，你有時時訓練自己、調整自己，不斷的提升自己的能力，讓自己保持旺盛的戰鬥力，並等待伯樂的出現與賞識嗎？而如果你是伯樂，你有明確的目標、周詳的計畫及萬丈的雄心讓千里馬願意為你賣命為你效忠嗎？

　　在共享經濟的年代，你必須時時轉換伯樂與千里馬的角色。想整合大家的資源就要看得到他人的優點與未來，適時提供他所需的協助，展現你慧眼識英雄的精準

時時提升自己，要當別人眼中的千里馬，
不要做影響自己的跛腳馬。

眼光。而想要把你的公司、產品、想法或理念進到別人
的平台、團隊或資源裡，你就要不斷的把你最好的一面
充分凸顯出來，並取得別人的認同與讚賞，讓別人一看
到你就想跟你合作。

Youtube

喜馬拉雅

要領導人先學會被領導

　　很多人在社會上有一點小成績就把自己想的太偉大，在一群人中就喜歡發號司令，到處給人意見，這種人總把自己當成領導人，希望別人都聽他的指示。但這類人當他處於被領導時都會有很多的意見，常常容易去吐槽別人也常常與人爭辯。有很多人因為不想跟他們針鋒相對而選擇離開現場遠離他們。被領導有時候是件痛苦的事，尤其遇到沒有方向、不會表達的領導人，通常這種時候很多人都會想直接跳出來反領導。但，你確定你自己就是對的嗎？還是只是你自己的自我感覺良好。

領導是需要學習的，
先學會被領導才能成為一個優秀的領導。

被領導是門藝術

　　在這個資訊爆炸的年代要當一個領導人並不難，最簡單的方式就是只要你懂得使用網路，比別人更會查詢資料，並把資料都記憶下來你就可以比別人更厲害，只要大家都認為你比他們厲害，你就可以「暫時」輕鬆的領導他們。但也因為如此，每個人就會覺得自己知道很多甚至比其他人知道的更多，那為什麼還要聽你的。也就因為這樣，人與人相處就越不容易聽進別人的話，爭執與爭吵也越來越多。被領導確實是門特別的藝術，要憋住自己內心的話又要去聽進別人的聲音，光是這點要拿捏得宜就非常困難。成語裡面有一句話叫「大智若愚」，不就是被領導這門藝術的中心思想嗎！只有真正聰明的人才懂得自己的意見表達何時該收、何時該

放。不是每個人天生就是領導者，要當一個好的領導者前就應該學會當一個稱職的被領導者。自己感同身受的了解被領導者的每一個心態與狀況，當你當上領導者時才能真的將心比心，帶領每一個人的「心」。每一件事情都有各種角度可以解釋，不用每一個事件每一件事情在意見不同時都想要爭贏，常常都會爭贏了面子，卻輸掉了人脈與裡子。

🌙 星夜呢喃

領導與被領導都需要智慧與判斷力，能不先入為主的接受他人的領導，並從中學習他人的優點也反觀自己的缺點，才能在自己拿到領導棒子時做出正確的決定帶領大家走向對的方向。

放大他人優點

　　人絕對不喜歡跟常常抱怨的人相處，而絕大部分的抱怨都跟別人的缺點或做錯的事有關係，也因為你的抱怨就在無形之中傷害了你的人脈。想在社會上建立良好的人脈也讓別人認為你是好的人脈，就必須常常睜一隻眼閉一隻眼，但何時該睜眼何時又該閉眼呢？如果你認為睜一隻眼閉一隻眼很難，那就把自己的眼睛弄模糊。練就保持「模糊的眼」就是我們必須學會的事情。

　　「嚴以律己、寬以待人」這句話幾乎是每個人從小就聽到大的，而要真正做到卻是非常不容易。放大他人的優點就是要縮小他人的缺點，在別人做錯事時你能夠快速的原諒他並不去計較嗎？我想，這確實需要相當的修養，但換個方式來做也許就比較容易，那就是「先」只看他的優點。當他人做對事情或展現他的專才（優點）

時，要用力的稱讚並給他最大的擁抱與鼓勵。這樣他會因為你對他的賞識而感動，也對你這個人大大加分。

就像我們在逗一個剛出生沒幾個月的小嬰兒，明明知道他的眼睛發育還沒健全視力還模模糊糊的，卻在他面前像小丑般的唱作俱佳不斷地逗弄他，直到小嬰兒呵呵的笑了出來，我們就覺得自己真厲害還發自內心的開心起來。其實小嬰兒只是被眼前莫名其妙地晃動逗得開心，給一個單純的呵呵就讓我們高興了一下，若是呵呵再加上身體的手舞足蹈，還會讓周遭的所有人都跟著高興好一陣子，並持續當小丑一段時間。

所以只要在別人展示優點或努力執行事情時，放大他的優點給他適時的鼓勵與稱讚，他將會回饋你更多更多。

別用他人的缺點或失誤
來懲罰自己

　　氣死我了，都跟他講過幾百次了還犯同樣的錯，重點是我問他錯在哪裡時他還回答：不知道。事情都已經發生了，他還一副無所謂的樣子，一臉就是不關他的事的感覺。

　　上述情況你也心有戚戚焉嗎？你是否也常為了別人的錯而氣得半死，更氣的是對方還一點感覺都沒有。這樣把別人的缺點或錯誤一直掛在心上，甚至久久走不出來，不就是在懲罰自己嗎？就是你把對方看得太認真或太重要，而對方卻沒有跟你一樣的頻率。因為別人的蠢或別人的錯就一直生氣、抱怨，那身邊的人跟你相處都會有很大的壓力，深怕哪一天也會踩到你的線、惹到你的點，跟你相處時都要擔心害怕，那還有誰敢跟你真心相處。拿別人的缺點或失誤來懲罰自己不就是把人脈往外推嗎？

優點跟缺點就像正向與負面,一個讓人開心、一個讓人難過。
要有好的人脈就要讓人容易親近,放大他人的優點縮小他人的
缺點,你會讓別人開心也會讓自己高興。

大膽行銷自己

很多人很害怕站在台上，
甚至只要是人稍微多一點就產生恐懼不敢說話，
把自己的膽怯說成是自己「口才不好」。

尤其是突然被別人指名或邀請上台時，
總是無法清楚表達自己真正的想法，
只想要草草了事快點結束下台。

但這些人在自己小眾朋友群裡卻能侃侃而談、高談闊論，
在別人意見不同時都還能跟人針鋒相對，
把自己認為對的事情與別人爭得你死我活。

人不會跟沒價值的人在一起，
你這個人有沒有價值就在於你懂不懂得行銷你自己。

行銷自己五步驟

很多人都很害怕行銷自己,有一些從事業務性質的人在介紹公司產品時都可以說得頭頭是道,但一要他好好地介紹自己時,就不知道該說什麼,常常把自己介紹得零零落落。

要如何才能把自己行銷出去讓人接受,以下有幾個步驟,只要把握這幾個步驟就能在短時間把自己成功的行銷給任何人。

① **定位**

你是誰?你在做什麼的?你的專長是什麼?如果你自己都不清楚你是誰,那別人要如何認識你進而認同你。

② **特色**

把你跟別人不一樣的特色凸顯出來,並用最簡單且快速的方式表現出來。

③ **準備**

把你自己的定位清楚且把它記錄下來，再用白紙黑字寫清楚並不斷地修正與調整。

④ **練習**

充分的反覆練習，因為別人對你的印象或評價通常在聽你說話後就認定了，尤其是第一次見面時的對談。

⑤ **把握**

把握每一次可以讓你行銷自己的機會，不要扭扭捏捏太過客氣或害怕。人跟人的感覺是很微妙的，一般人要判定一個人是好是壞通常都是從一開始的對談就決定。把自己大膽勇敢的行銷出去，才會縮短人與人在建立人脈時所需的信任時間。「你是誰？」在別人的眼中是很重要的，讓自己有清楚的定位又能凸顯自己的特色，並做好十足的準備與充分的練習，更把握每一次可以上台或行銷介紹自己的機會，把每一次機會都發揮到最好，別人就會因為了解你而喜歡你。

我就是績優股，跟著我就對了！

 星夜呢喃

網路充斥的時代，大家要面對面坐下來深談而彼此瞭解的時間越來越少，建立人脈的多寡就看你有多會行銷你自己。自己才是你這輩子最大的資產，妥善的行銷自己才能把你的人脈資產做不斷的增加與擴大。

被利用的價值

The value of being taken advantage of.

　　「人跟人相處就是有彼此被利用的價值」。這句話已經說了很多年，在很多人際關係的相關資料或書籍也多次提起，但是到了今天還是很多人不認同。有一些人總是說：「我才不會利用人，當然我也不要被人利用。」遇到這種人我就會回答：「你以為你是誰啊！別把自己想得太清高，你沒有利用價值還有誰會跟你在一起。」你找朋友出來吃飯喝茶聊天，不就是可能因為無聊或要訴苦或要得到問題的答案才會找朋友嗎？這樣的情況不就是利用別人的時間與想法來解決你的需求嗎？

當別人提出需求時，
請大方歡喜的被別人使用，
用得越多價值就越大喔！

My pleasure!

Help me please!

Youtube

喜馬拉雅

創造被利用的價值

　　就如宏碁集團創辦人施振榮在出版著作《台灣大未來：世代突圍的 31 個關鍵思維》中提到：「所謂的『有用』，是指能夠創造價值，對別人能做出貢獻。」換句話說，就是要對社會有所貢獻，創造自己被別人利用的價值。把自己的能力展現出來讓大家知道與看到，創造自己可被別人使用的能力，讓價值發揮到最大，你將會獲得更多的人脈。你的產品價值只有 100 元，正常情況下客戶絕對不會花 500 元跟你買。你個人的使用價值只有 5 萬元，老闆絕對不會發 8 萬元薪水給你，這就是社會。但是如果你可以創造出獨一無二或不可被取代的被利用價值，你的報酬將是你說的算。

別害怕被別人用，
你用我時就注定要「贏」了。

 星夜呢喃

唯有大量的補充知識及不斷的充實自己，才能提升自己的使用
價值，被利用的價值越高，未來的回報就越大。

被人利用證明你有用

　　老闆因為你的能力可以幫他完成事情創造利潤，所以利用你的能力為他賺錢。你的員工也因為他的能力可以在你這裡賺取薪水或完成夢想，所以利用你提供的薪水完成他生活所需的金錢。情人因為在你身上可以獲得體貼、溫馨與安心，所以利用你的付出獲得他心中的那份愛。不是每一種「利用」都是這麼利益或商業化的，能被別人利用就能證明你是有用的，被人利用得越多就證明你的價值越大。在《蜘蛛人》電影的一幕，他叔叔臨終前對他說的一句話：「能力越強，責任越重。」這裡說的責任，不就是他有責任讓別人使用（利用）他的能力嗎？

懂得傾聽

有家人朋友會找你說話
或吃飯喝茶聊天不外乎有幾個情況，
想了解你近況、提供你工作、
推銷你產品、傾吐他心聲、
請益你問題及無聊打發時間⋯⋯等。

以上所有情況都是對方想說給你聽，
但有很多人不擅長當一名傾聽者，
時時刻刻都在插話不讓人把話說完。
也因為如此這種人的人緣通常不會太好，
甚至讓人討厭。

懂得傾聽，
你才會聽到對方真正的想法而提供他所需要的東西。

當個好的傾聽者

　　要當一個好的傾聽者必須懂得傾聽的意義，傾聽不是像一隻死魚般的面無表情聽完對方的話，而是在適當的時刻給出「對的」表情或回應。記得在幾年前有一位朋友找我訴苦，除了一開始的寒暄閒聊以外，足足有將近三個小時我沒有說任何一句話，唯一做的就是點頭、皺眉及認同與肯定的表情。直到他對我傾訴完所有的苦，我看著他從憂愁皺眉到眉開眼笑，我心中也為他高興。最後我只拍拍他的肩膀對他說聲：「加油！」沒想到他竟然眼眶紅了起來並拉著我的手說：「謝謝你解決了我的問題，你真的超會說話的，難怪大家都說跟你聊天很舒服。」我的天啊！我不是從頭到尾除了傾聽都沒說話嗎？

　　傾聽的力量有時大過千言萬語，有時人要的不是問題的解答，而是一個溫馨的陪伴與傾聽。

別做破壞的傾聽者

當別人主動要跟你說話聊天

就是有「話」或「想法」想對你傳達，

但常常都被你的一些回應的話，

而打消對你的聊天或溝通。

以下三句話是破壞溝通很大的殺手，

請千萬別掛在嘴邊：

① 我知道

從小到大父母親每天都在對我們喊：

「快去洗澡」，我們回答：「挖災（我知道）」

「快去吃飯」，我們回答：「挖災（我知道）」

「快去睡覺」，我們回答：「挖災（我知道）」

這樣的回答不就是在敷衍嗎？有幾時你會真的馬上行動。當朋友得到新的資訊或八卦想跟你分享時，你的一句「我知道」，就會讓對方說不下去，也不想再說下去，你就成為氣氛及話題的終結者。

② 我也（都）會

人一學到新的技能或知識時，會很想跟他人分享。但，如果跟人分享時對方給的回應是：「這我也（都）會」。這頓時會讓人臉上無光，熱情立即消散，臉上浮出三條線。這時我們心裡一定想：「你會的不一定是我學的好不好，是在臭屁什麼，我會的一定比你厲害。」這句話也會讓人不想再聊下去，只會讓人認為你自以為是。

③ 那是你可以

有些人就是對自己沒自信或習慣性酸葡萄心理，當別人開始說自己的豐功偉業或說自己完成了多少困難的事而感到一絲絲驕傲時，就會有一些人喜歡用：「那是你可以」來回應。

「我晉升經理了耶！」
「那是你可以，我哪像你有這麼多時間加班工作才能升遷。」

「我要出國讀書了！」

「那是你可以，家裡這麼有錢可以讓你出國。」

「我開公司了喔！」

「那是你可以，我有家累要負擔，哪裡敢創業啊。」

會說這句話的人比較容易自怨自艾，也容易酸言酸語刺傷別人，常常會讓他人不想親近也會讓人覺得是扶不起的阿斗。

以上三句都是傷害人脈、終結話題的話，請千萬時時提醒自己別再用這三句話來回答別人，你的一個無心的話，會把你的人緣與人脈拒於大門之外。

星夜呢喃

想要擁有好的人脈就要當一個善於體貼陪伴，懂得閉上鳥嘴張大耳朵的傾聽者，而不要成為隨時刺傷別人卻渾然不知的話題終結者。

多付出少計較

　　人總是習慣計較，計較著自己付出的比較多而別人付出的比較少。慈濟證嚴法師所說的一句話：歡喜做，甘願受。我們做的每一件事難道一開始都是為了別人而做的嗎？我想有九成以上當然不是為別人，其實做的任何事都是自己願意去做的，但每每做到一半有挫折或是做完了感覺沒有得到相對的回報，這時人就會開始計較起來。

　　「歡喜做、甘願受」自己選擇要做的就要心甘情願去承擔，不要一不順利就開始跟人計較。在社會上行走，大家都是有眼睛的，別以為你的計算或盤算沒人知道，你的斤斤計較、你耍的小聰明大家都看在眼裡，這些事情只會降低別人對你的信任與尊重。

大方的「給予」，
你不是「學到」就是「賺到」！

POINT

7

人生苦短、計較不完

人生短短一輩子也才 3 萬天左右，

（一年 365 天，10 年 3650 天，

我想沒有多少人可以活到 100 歲 36500 天。）

扣掉三分之一的時間在睡覺，

再扣掉三分之一的時間在發呆無聊或自己獨處，

只有一萬多天可以跟別人相處，

如果常常跟別人計較，

又把生命浪費在無聊的情緒中，

我想我們以後地下有知，

一定會笑破肚皮，笑自己白癡浪費時間。

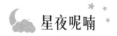 **星夜呢喃**

一個人的快樂，不是因為他擁有的多，而是因為他計較的少。
計較越多尊重越少，付出越多福報越大。

醒醒吧！別再睡了！
現在不用久睡，以後可以長眠。

丟掉偶包

Get rid of the idol burden.

　　每個人多多少少都有一點偶像包袱，有些人只有一點點扭捏，所以被人稱為「小面神」，也就是跟陌生人比較慢熟，需要一點時間來融入別人。但，有一種人雖然不是明星，卻比明星還像明星，時時刻刻都在意別人的眼光，不能讓自己出糗，只要一出糗就恨不得找個地洞鑽進去。不能丟臉、不能笑太大聲、不能穿太隨便，自認自己很帥很美，殊不知這種人我們一般稱為「假掰」。想要有好的人緣首先就是要丟掉偶像包袱，當你丟掉偶包就會讓人覺得好「鬥陣」，人脈自然就會聚集過來。

外表不美可以Ｐ圖，
如果連內心都Ｐ圖就會太假掰囉。

今天素顏 ♥

（Ｐ圖前）

Youtube　　　喜馬拉雅

你以為你是誰

常常在一群人中
總是看得出有一些人是那麼的「假掰」，
尤其在進行一些團體活動或遊戲時，
這些人都會在一旁說：你們玩就好，
或是找盡藉口說：
我今天那個來不方便、
我昨天有一點感冒今天不舒服。

這些人永遠都有千百個理由不去參與團體活動，
說穿了不就是把自己當偶像，
時不時就在一旁裝酷，
其實根本沒人在意他。
自我感覺良好是這些人的通病，
隨時都要維持自己的形象，
導致容易活在別人的眼光裡。

每次一群人去唱歌總是會遇到有偶包的人，

要嘛就說我今天感冒，

不然就說：

「你們唱啦，我唱歌不好聽。」

誰管你有沒有感冒唱歌好不好聽啊，

來唱歌就是要 HIGH 啊！

你不知道氣氛才是最重要的嗎？

還有一種是明明唱歌連 Key 都抓不準，

還是一副有如國際巨星般

一臉陶醉的唱完一首又一首的歌。

你以為你是誰啊！

想要當偶像就先把歌給練熟唱好吧！

還有一種人就是認為自己出過國讀書、生活、遊學
或在公司裡擔任一些主管就比別人高人一等，
也因此比較容易有偶像包袱。

因為這類型的人常常想要凸顯自己的能力
就會把自己當成「名嘴」一樣
上知天文、下知地理，
不管講什麼話題都能插一腳。
想盡法子拿到說話權
就把自己所知道的真理、道理、正理、歪理、
這裡那裡都滔滔不絕的一直說一直說，
彷彿把大家當成都來聽他的演講一樣。

天啊，你以為你是誰啊！
內容說得好也就算了，
偏偏幾乎都是聽不下去的屁話。

天啊！這麼有這麼帥的人啊～

你到現在都還不知道
為什麼手機會一直破的原因嗎？

POINT

2

放下偶包一派輕鬆

　　偶像包袱帶比較重的人常常習慣把自己太當「人」看，而不把別人當「人」看。想盡辦法要不讓人看出自己的害怕及沒自信，所以就會表現出一副溫文儒雅的高貴氣質，男人彷彿史艷文上身，女人好比林志玲降臨。外表總是那麼的溫良恭儉讓，內心可能是澎派又放蕩。放下你的面子適時把你的赤子之心拿出來，你將會更輕鬆的經營你的人脈關係。

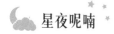 **星夜呢喃**

別讓你的偶像包袱影響別人看你的觀點，更別把自己太當人看。
在你真正懂得放開時，你將會更沒壓力的面對所有人。

超級偶像大小S

　　我雖然不是大小S的粉絲，但卻不得不打從心底佩服她們。二十幾年前我們都還以「玉女」來看待女性的影歌星時，大小S以「SOS」的歌手身分出道，出了幾張專輯也在高中畢業後開始轉戰綜藝主持界。一開始還是以較文靜柔和的方式主持，後來把偶像包袱慢慢的解開，也慢慢越來越受台灣觀眾的喜愛。尤其是小S（徐熙娣），看似無俚頭的主持風格完全解放自己內心的偶包，每每都可以逗得上節目的明星們（尤其是帥帥的男明星）又怕又愛笑得合不攏嘴，觀眾也非常愛看。也就因為這樣他們的人緣越來越好，人脈也越來越廣。他們的主持風格輕鬆搞笑又有內容，明星們都喜歡上他們主持的節目，因此在娛樂界流傳「夠紅」的明星才能上「娛樂百分百」跟後來的「康熙來了」，大小S也如大家所知的名利雙收。

放開偶包，得體面對

　　如有要講偶像包袱，那我們在小S（徐熙娣）面前應該沒有人敢說自己是偶像吧！主持大型典禮時，她可以端莊又有涵養的串聯介紹每一段的典禮流程；跳起國標舞時，她也可以展現出狂野火辣的舞姿與性格；主持綜藝節目時，她又完全放掉偶像包袱，可扮醜搞笑、可出糗娛樂觀眾。丟掉偶包並不是叫你要三三八八，只是要得體的面對身邊的所有事情，該靜時靜，該動時就動，該正經的時候就正經，該搞笑時就用力搞笑。不要什麼事都彆彆扭扭的，不會的事情做不好或出糗都是正常的，沒有人會一直笑你或在乎。放開偶包後你可以跟小S一樣，即便發生了好幾次重大風暴，但小S都能因為她的好人緣、好人脈及觀眾的支持與喜愛而一一排除化解，如果是一般人早就消失不見了。「康熙來了」節

賣面子喔！特價中！

來喔！來喔！賣面子喔！
一張面子100元！

原來面子可以用買的哦！
那我何必一直「裝」～

目收掉時，有一些人認為沒有偶包的小S時代過去了，卻沒想到他在中國大陸開了新節目，並又一次的紅回來台灣，在人生的道路上又更進階了一大步。再次證明沒有偶像包袱，你將會讓人更加喜歡更想跟你合作。

5

沒有偶像包袱的偶像
才更讓人值得追隨與喜愛

在大小 S 出道後演藝界也慢慢的轉型，明星不再是只能氣質端莊，帥哥美女不再一定要一副不食人間煙火的樣子。更加真性情的面對才會有更多的人喜歡。後來的演藝界不就是這樣嗎？林志玲、侯佩岑、SHE、angelababy、范冰冰、一堆名模……，每一位都是美女也都是偶像，但現在的他們都可以丟掉偶像包袱，拿出最棒的赤子之心開心的融入節目、人群與事情。

 星夜呢喃

放開你的偶包你將會更輕鬆面對所有人，越是沒有包袱就越讓你容易成為大家想親近的人，收掉包袱、大氣面對，在人脈經營的道路上將不斷的進階。

Siri 降臨

　　2011 年蘋果手機完成了一個創舉，就是正式的把 A.I. 人工智慧紮紮實實的融入了我們的生活。Siri 頓時之間成為全世界家喻戶曉的明星。APPLE（蘋果）當年在全球也賣出了 9300 多萬支的手機，立即躍昇成為全球第三大的手機品牌。

　　「智慧型手機」言下之意就是給有智慧的人士或用了就會有智慧的人士使用（說這不是廢話嘛！），所以它的說明書只有一小張（甚至到現在很多手機都已經沒有說明書了），但蘋果為了創造趨勢帶領風潮也讓大家能夠快速的熟悉使用並對它愛不釋手，所以推出了「Siri」。

調戲 Siri

推出「Siri」時因為要銷售世界各國，

而每個國家都有不同的語言及文化，

因為剛推出時它能回答的數據資料庫還不多，

所以當資料庫沒有資料可比對時，

就會回答：「我不明白你的意思」

或者是乾脆沉默不語，

因此換來很多的批評聲浪。

蘋果此時就想了一套策略，

叫全世界的人都戲弄、調戲「Siri」，

並製作非常多的影片

假裝一般民眾調戲「Siri」過程及對話。

因為非常有趣，
所以當時全世界有販售蘋果手機的地方
都掀起了一股大家一起調戲「Siri」的風氣。

有蘋果手機的就會在朋友面前示範如何罵「Siri」，
看它會怎麼回答。
而沒有蘋果手機的人就會想著
下一支手機一定要換蘋果。

民眾的這些舉動
不但讓蘋果手機的討論度、知名度大開，
也讓它的銷量一年比一年好，
可說是名利雙收。

原來是大家被調戲了

當大家用力調戲「Siri」，
並一直把它當笑柄，
笑蘋果的研發出包時，
卻沒想到我們才是被調戲的那群人。

因為世界各國的人，
都會用自己國家熟悉的語言及話語用法，
來跟「Siri」溝通或取笑，
因此「Siri」每天都吸收各地大量的資訊，
也在很短的時間了解各國各地的文化、
生活習慣與需求。

所有得到的資訊，
全部都上傳到蘋果公司的雲端資料庫，
這些資料經過雲端技術的整理，
整合成超大數據，
現在也已經成為人類的超強大腦。

幾年後的今天，
「Siri」已經是一個幾乎問任何問題，
都問不倒的超級行動祕書。
當初大家調戲「Siri」時的嘲笑、戲謔、看不起，
原來都是把它變得更強的過程。

丟掉偶像包袱確實是很多人很不習慣的事，
那是因為你認為掛著偶像包袱、
對人非常客氣才能讓別人尊敬或喜歡。

但，也許是你誤會了，
大家喜歡的是容易親近、好配合、
會參與活動及意見、
犯一點錯、出一點糗、
搞一點笑都能怡然自得、得體面對的你。

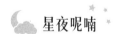 **星夜呢喃**

丟開偶包、放開矜持開心面對人群，或許你會出糗也許你會難堪，但最後你會發現，你身旁的笑聲會越來越大，周遭人脈也會越來越多。你的釋放將會把你變成一塊磁鐵，這塊磁鐵會把好的人脈全部都吸到你身邊。

資訊來源中心

The information center.

　　從古至今人就喜歡跟飽讀詩書、學問淵博的人在一起（當然是人品要好），因為有任何問題發生時可以馬上有人諮詢，也可讓問題立刻解決。你是資訊來源中心嗎？當別人遇到問題時，你有足夠的能力幫他們解決嗎？如果你的答案是：「有。」那恭喜你，你身邊一定有很多的朋友，你朋友一定很喜歡你。但如果你的答案是：「沒有。」那你就必須趕快提升自己能力且大量獲得知識。當朋友遇到事情都會來、都想來問你時，你就成為人脈的吸引中心了，你將會如磁鐵般把很多人脈都吸引到你身旁。

我就是上知外太空、
下知行天宮藍色神教的教頭。

POINT

1

大量補充知識

　　成功人士每天都會做兩件重要的事情：一是大量建立人脈，二是大量補充知識。「建立人脈」只要你願意整理好自己，並不斷地出去認識人就比較容易達成。但，「補充知識」就是必須靠自己的意願及意志力才能去完成。為何會這麼說呢？因為要得到知識一般可以從幾個地方獲得：

① **學校**

除非你還是學生或報名進修課程，不然畢業後很難再回學校學習。

② **看書**

可以買書看（但要花錢）、可以到書局看（但要花時間），可以到咖啡廳或茶店看免費雜誌（但要花錢又要花時間）。

③ **跟朋友聊天**

常常有人說：聽君一席話，勝讀十年書。一個好的

朋友可以提供給你很多的資訊與知識，當然前提是
「好」的朋友。（必須要多出來見面才知道誰是
「好」的朋友，誰是「不好」的朋友）。

④ **聽演講**

去聽一場講座或演講，可以在短短的幾個小時時間
學到一個講者多年來的經驗，及他最近學到的很多
資訊。（但可能要花錢、花時間或聽到不是自己想
要的資訊）。

⑤ **參加訓練課程**

坊間很多的訓練課程都是很棒的，有的教你專業知
識、有的教你賺錢資訊、有的教你人際溝通、也有的
教你心靈成長。不管哪一種課程都能讓你在短短幾
天獲得不少知識與資訊。（但很有可能要花很多很多
錢，還不見得可以學到自己想要的技能與資訊）。

獲得知識必要的付出

　　如果你是一位很懶又怕花錢花時間的人，那你想補充一些知識一定很困難。這樣的你在你朋友眼裡一定是一位才疏學淺，說話沒有內容的人。而如果你是一位常常 3 分鐘熱度的人，因為你學習東西有可能學一半就沒耐心了，那你的資訊一定是老舊、過時或不齊全的。

　　上述說的狀況相信你身旁都找得出來這種人，但重點是，是否你也是這樣的人。天下真的沒有白吃的午餐，自己的魚自己花時間釣、自己的未來自己用膽識闖、自己的知識自己花錢花時間學。該付出就付出，不然未來你就知道「不用錢的才是最貴的」。

知識補充的方向

　　知識有千百種，補充知識又應該補充怎樣的知識呢？該補充的知識大致可分為三大部分：

一、專業的知識

　　針對你目前或過往的工作經驗，去認真學會工作上接觸到的專業知識，並可以表達清楚。

二、廣泛的知識

　　除了一般專業的知識外，也要去多學一些廣泛性的知識。廣泛性的範圍就是你周遭有接觸的事所需要的知識。例如：開車、騎車、游泳、訂各種的票、食衣住行用品的品牌、地圖的使用、APP 的使用、網路的使用、手機的使用……等等。這些基本常識你一定要學會。

三、閒聊的知識

　　舉凡時事的新聞、網路的流行、綜藝的八卦、天氣的動態……等，也都必須涉略，這些可以在沒有話題或進入主題之前、之後拿來填補談話時間，也是不讓人討厭或害怕的話題。懂得閒聊知識的人隨時隨地都可以跟人聊天，也會讓人（暫時）可以放鬆相處。

 星夜呢喃

多花一點時間在補充自己知識與資訊上，你才可以隨時的在談笑風生中對答如流，而不是讓人覺得你歪理一堆還在那信口開河、口若懸河、花言巧語，還滔滔不絕。

我有各種的姿勢（知識），
你需要就來學喔！

連續劇還是單元劇

要成為一個好的資訊來源中心，
就要不斷地補充大量的知識。

人跟人的相處最好的狀況，
就是常常可以互相得到不同的知識與資訊。
當任何人在每次跟你相處時都能得到或學到東西，
那你一定是連續劇主角，
不管在劇中發生多少狗屁倒灶的事，
大家都會期盼主角能安然渡過，
還能帶給大家新的劇情與故事，
對你百看不厭。
時間一到就想纏著你，
或許有問題問你、或許想聽你分享新資訊、新故事，
就像初戀時男女朋友剛交往的心情與態度，
永遠都不想要有完結篇的一天。

但，如果你懂的不夠多不夠好，
那大家跟你相處就像單元劇一樣，
看完就忘，
即使是當下有一些啟發或漣漪，
也如小船過境一樣只能泛起一點點小波浪，
持續不久就船過水無痕了。

但是你不僅懂得不夠多不夠好，
還喜歡亂講、亂編、亂批評，
那你就會像一些隨便製作的小廣告一樣，
一到廣告時間，
大家就起身去倒水、聊天、上廁所，
沒人想要看、
更沒人在意廣告內容在講什麼東西。

成為大家想追的那齣劇

　　或許你現在只是一個沒有什麼內容的廣告，但也別太氣餒，只要你把你的內容重新思考用心補充，你也可以變成一個讓人記憶深刻，甚至做到讓別人都想模仿你的廣告。很多叫不出名字的廣告明星不也讓大家印象深刻嗎？

　　近兩年韓國偶像劇席捲整個亞洲，讓非常多的人每天都在期待觀看。「追劇」成為全民運動，我們來研究一下韓劇為什麼讓這麼多人著迷。

① 男女主角幾乎都是帥哥美女。

② 劇情總是讓人猜不透。

③ 都是以前沒有看過的劇情故事。

④ 都只有幾集到十幾集，讓人不用等太久就可以看到結局。

以上幾點是一齣韓劇可以吸引我們追劇的重要原因，那我們也來看看我們的故事是否也能讓別人來追劇呢。

① 我們是否為別人眼中的帥哥美女，如果不是那就不要勉強……跳過吧！

② 我們說的話或我們自己的故事是否才說一，後面別人就可以猜出二、三、四、五、六。為何會這樣？其實就是我們講的話太單調沒內容，或講故事的表達能力太差了，甚至是得到的資訊都是舊資訊，說出來只會被大家白眼。因為你認為的「新聞」可能是大家的「歷史」。

③ 你說的話是否大家早就都知道。就是因為你每次說的話根本沒有新梗，一個故事或笑話一說就好幾

年，一看到有新的朋友就說一樣的笑話，旁邊的老朋友都會一起翻白眼。有很多自認自己幽默會講笑話的男人，常常都愛開黃腔把肉麻當有趣，所以旁邊的朋友最常說的一句話就是：齁，又來了！（然後一樣又翻一個白眼）。

④ 你是否講話都喜歡繞圈子。確實有很多人講話都不講重點，喜歡繞來繞去，明明一、兩集就可以演完的事偏偏都要播個五、六集，有時候還像演包青天一樣一播就播幾百集。如果你的內容吸引人也就算了，但你卻插播了無數次的廣告還不准人離開位置去倒水、上廁所。天啊！大家到底哪裡對不起你，要讓你這樣折磨。

 星夜呢喃

把自己當成連續劇經營，讓每一個跟你接觸的人都想不斷的跟你聊天且都期待再看到你。除此之外，更要補充大量的知識，當所有朋友在你身上每一次都可以帶走新的資訊，你將會發現你身邊會有一群人脈一直追隨你。

我是一齣沒有劇終的優質連續劇，
你們請繼續看下去！

當個三多人
（多聽、多學、多問）

　　想要成為一個人脈資訊來源中心，除了「給」（資訊）以外，更要懂得的就是要不停地「收」。當一個三多人，是你必須學會的功夫。

一、多聽

　　有不少人常常聽到一點點訊息就到處宣揚，不僅把自己當成很厲害的人物，還很怕別人認為自己不夠強。才剛聽到的消息都沒有經過任何求證就隨意地到處講，常常容易變成錯誤資訊的傳達中心，也容易造成別人的誤會。凡事都要多聽別人的資訊、想法及意見表達，並多求證一些人，減低錯誤資訊的傳達，會讓人更放心與你相處。

我們都是多聽、多學、多問的三多倫喔！

二、多學

　　很多人做很多事情都沒有成功，並不是因為自己的能力太差，最大的原因就是因為「學習不夠」。而很多人工作被淘汰的原因也是因為自己「停止學習」。學習是一輩子的事，資訊的日新月異，一旦停止學習馬上就會造成資訊的落差。資訊的落差就是財富的落差，想要成功就要不斷的學習，別讓停止學習成為你貧窮的主因。

三、多問

別以為自己知道了一些知識就認為自己什麼都會，學習把你會或不會、懂或不懂的事情都拿來問別人，聽聽別人的想法及意見，你將會了解原來一件事情會有很多的角度可以說明與解釋。在問的過程你也會得到更多的知識。

每一個人都喜歡當別人的解惑者，當你學會當一個三多人（多聽、多學、多問）時，你的朋友也會當一位稱職的解惑者。只要你願意聽他、學他、問他，他也會把所學的一切無私的全部奉獻給你。

 星夜呢喃

人都喜歡被需要的感覺，學習成為一個得體的三多人，對方會感覺得到適當的尊重與成就感，當你滿足對方的感覺需求時，他能回饋給你的資源將是你無可想像的。

地球的未來就靠我來拯救吧！
I AM A SMART KING OF THE WORLD！

增強你的能力與魅力 03

　　每個人都有自己的能力，只是能力是否可以用得上，才是人脈的關鍵所在。在現在現實的社會裡，一個人的能力絕對可以影響他的人脈多寡。如果你所擁有的能力是無法幫助到周遭的人，那這樣的能力暫時就可有可無了。例如你有「千里眼」的能力，但你做的事都在打電腦、用手機，永遠需要看的都是觸手可及的事物，那你的特殊能力「千里眼」就英雄無用武之地，這項能力就等於沒有。也因如此，所以你才必須時時增加、提升及更新你的能力，並在適當時機展現出你的能力，這

樣才會讓別人知道你有能力可以被利用，就容易跟你親近。（沒辦法，因為人是膚淺的。）

　　而增強你的魅力更是現代人必須做的事。「魅力」是很難形容的一種感覺或情況，有一首十幾年以前的歌曲它的歌詞就說明了一切：〈莫名我就喜歡你，深深的愛上你，從見到你的那一天起；莫名我就喜歡你，深深的愛上你，沒有理由沒有原因。〉

　　「魅力」就是這麼特別的感覺，感覺得出來卻很難說得出來。魅力越強的人，吸引人脈的能力就越強，例如天王（劉德華）所到之處，就算沒有什麼宣傳也會人潮爆滿。把自己的魅力提升到自然而然身邊就會跟隨一群人脈。

成為有趣的人

Become a more interesting person.

　　有趣的人是人人都喜愛親近的對象，有人天生就有喜感，一開口就會讓人發笑，有他在的場合笑聲都不間斷，永遠都不擔心冷場。每一個人都喜歡這樣的人，但絕大部分的人卻都不是這樣的人。想成為一個有趣的人就必須要花點時間調整自己了。

　　有趣的人又會跟幽默畫上等號，適當的幽默可以化解尷尬又可以讓人發出會心一笑，幽默的人永遠都會搞好氣氛並擁有好人緣。

我可以變出花朵還能變出很多的海鮮喔～

SEAFOOD 好棒棒！讚美 SEAFOOD！

Youtube

喜馬拉雅

幽默不是損人

　　幽默幽默，幽默是一種有深度的意境，使用的好可以左右逢源皆大歡喜，用得不好就會遭人白眼傷人或傷己。很多人想表現自己的幽默就常常拿別人來開玩笑，尤其是拿別人的長相或出糗的事情，當成笑話講給別人聽，例如面對個子比較矮小的朋友就會說：矮子矮一肚子拐，或你是國小以後就捨不得長高了喔！面對高個子就會說：上面的空氣好嗎？你長這麼高怎麼不去打籃球啊！面對跌倒的朋友就會說：你怎麼這樣摔的狗吃屎，有沒有想過屎的感受啊！天啊！這是幽默嗎？！這種老是拿損人來當幽默的人，遲早都會踢到鐵板吃到鱉的。

懂得幽自己的默

　　幽默的最高境界就是從頭到尾都幽自己的默，幽自己的默會容易引發大家的笑聲，也會讓別人認為你是沒有距離容易親近的人。有幾個小方向會讓你幽自己的默更加得心應手。

① 拿自己最在意別人說嘴的點來幽默自己

　　例如在意別人說自己的頭髮一直禿，那就說：你看，我原本頭髮非常濃密的，就是怕你們會羨慕所以今天才沒把它們帶出門。

　　或是：我從小就喜歡笑我爸爸禿頭，所以老天就讓我知道頭上涼涼的感覺。

② 出糗時幽自己的默

例如跌倒時就說：你們看看我剛剛的湯瑪士迴旋體操可以得幾分？

不小心放屁時就說：不是只有北韓有核武，我也研發了幾種核武及毒氣，剛剛是一年一度的實彈演練。

想要拉肚子上廁所時就說：我現在肚子暈暈，屁股要吐要吐的，先行告辭了。

③ 幽自己默時要假裝正經

說笑話最大的敗筆就是自己先笑。在展現幽默時一定要秉持「別人不笑我不笑」的態度，在別人「噗哧」之前一定要夾緊肛門，咬緊嘴唇執行最高忍術，千萬不能先笑出來，不然一切都破功了。

④ **適當的一個動作可以讓幽默更加分**

　　動作會比話語更吸引人的目光，一個突如其來好笑的動作會把你的幽默指數往上提升許多分數。例如最近最佳幽默動作，就是我們台北市長尷尬的笑配合抓頭的舉動，不需要任何解釋，讓人無限想像的幽默好笑。

 星夜呢喃

要展現幽默感時，千萬記得不要以損人來成就自己的幽默，永遠要以幽自己的默作為你幽默的宗旨。

笑口常開、笑容常在

笑容是世界上最好的國際語言，

笑容可以給人開心、快樂、放鬆、釋壓的感覺，

一個適當笑容的威力是非常強大的，

當一個人在你旁邊大笑時，

一開始你可能會狐疑的看著他，

但他只要笑聲維持一陣子，

你會發現你也會開始不由自主的笑出來，

甚至周遭的人都會同時一起笑出聲音。

適當的一抹微笑會讓人感到溫馨、愉悅，

更會增加人與人的信任感。

常常把笑容掛在臉上的人遇到問題時，

一定是輕鬆面對怡然處之，

愛笑的人思想也會比較正向，

凡是也較會用正面的態度面對困難。

「笑」也是要練習的

　　笑容是尷尬的解藥、笑容是壓力的釋放、笑容是疑慮的豁然、笑容是緊張的舒壓。一個好的笑容或笑聲會讓人愉悅，但一個壞的笑容也可能讓人害怕緊張。笑的種類有太多種了，有大笑、微笑、靦腆的笑、尷尬的笑，有乾笑、苦笑、奸笑、冷笑……等等，這麼多種的笑，最容易讓人舒服的笑就是「眼睛在笑」。好好練習用你的眼睛在笑，你將會成為大家喜歡的那個人。以下是練習眼睛笑容的基本方法，你也可以練習看看：

① 準備一張可以遮住臉的紙或書本及一面可以清楚照出全臉的鏡子。

② 先直接照鏡子看看自己的各種笑容，觀察你笑時眼睛是否跟著笑。

③ 照著鏡子時用紙或書本遮住你的臉只露出眼睛以上，看著自己的眼睛讓自己的眼睛「笑」。

④ 當眼睛笑到你自己也覺得看起來舒服時，拿開紙或書本，再看看你臉上的整個表情。

⑤ 記住這個表情，這就是你讓別人最親切舒服的表情。不斷的練習它並把它時時掛在臉上。

試試看以上方式，只要你常常練習並把它變成你的基本表情，你將會得到別人對你的善意回應，將會有更多的笑容回饋你喔！

 星夜呢喃

不是只有服務業才要練習笑容，如果你想要受人愛戴讓人喜愛，你就必須不斷的把「笑」練習好，最好是練習到可以真的發自內心的笑，你的魅力將可以影響更多的人。

培養說故事能力

　　人們常說：「會說好話是門學問，把話說好是門藝術。」的確如此，會說話的人通常都很會說故事。每個人都愛聽故事，只要把故事說得好就可以把人吸引進你要表達的事情內容或情境。會說故事的人說話總是讓人著迷，在說故事時總會散發出一種特別的魅力，讓人很快就能進入你要溝通的事情當中。人不會想跟一個只會聊理論的人聊太久，因為沒有故事的談話往往都比較枯燥乏味，也容易讓人進入談話彌留、心不在焉的狀態。想要說話吸引人並讓人喜歡與你交談，就必須認真培養自己的說故事能力。

POINT

6

說故事的基本功

　　說故事不是件難事，但把故事說好就是一件需要琢磨的事了。從小到大「白雪公主」的故事應該是每個人耳熟能詳的故事。但如果請每個人說一次你所知道的「白雪公主」，那我們一定會聽到各種版本的白雪公主。有人會注重白雪公主有多美麗；有人會注重後母（壞巫婆）有多陰險；有人會注重七個小矮人有多可愛；有人會注重白馬王子有多帥氣。明明是同一個故事，從每個人嘴裡講出來就會有不同的張力強度。你可以形容是童話故事般的迪士尼夢幻系列，也可以說成是安潔莉娜裘莉主演的可怕「黑魔女」。要培養說故事的能力，就要先掌握說好故事的幾個基本功。

一、抓重點的能力

　　每件事情或故事一定有它的重點，你是否能在短時間內快速地抓住重點，才會是故事講得精采與否的關鍵。因為你抓不到別人的重點，那別人跟你說話一定也會聽不出你要表達的重點。你是否也常聽到別人在聊天時會跟對方說：「講重點」，這就表示對方一定是一個說故事（表達）能力比較差的人。

二、用心感受或親身經歷

　　通常親身經歷的故事比較能夠吸引人，只要把事情的事實狀況一一娓娓道來，至少就會讓人進入狀況。但，不是每件事情都是自己親身經歷的事情。所以「用心感受」就是很重要的功課了。如果事情沒有經過自己的內心感受就說出來，就會像念課文一樣聽起來沒有什麼感覺，還會讓人有種想睡的 Feel。

三、口語的聲調與清晰度

聲調是能否快速吸引人的關鍵，一個故事如果是平鋪直述的說一定非常單調，但如果加上語調的不同，時而快速、時而慢吞、時而緊湊、時而放鬆，就會讓人有不同的感受，說起故事來才會有如親身經歷的樣子。而說話的清晰度是對方「聽清楚」的重要關鍵，含滷蛋式的說話法，不僅讓人聽不清楚，更容易讓人產生誤會。例如：拔絲地瓜會聽成白癡地瓜，去買豆漿會聽成去買肉醬。

四、大量閱讀大量學習

要把故事說得好腦子裡頭的詞彙要夠多，因為在你說故事時，如果是因為想不出詞彙來形容接下去要講的話，那聆聽者將會思緒中斷，故事可能因此而說不下去。詞彙要多就一定要大量閱讀、大量學習，養成大量閱讀習慣，你將會在不知不覺的潛移默化中把所有的詞彙用得淋漓盡致，才不致走向「書到用時方恨少」的窘境。

五、充分且大量的練習

　　沒有多少人是天生的說話或說故事高手,大部分會說故事的人都是經過不斷的練習而成的。勤能補拙是千古不變的道理,唯有不斷大量的練習,人人都可以成為說故事高手。

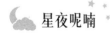 **星夜呢喃**

會說故事的人走到哪裡都會受人歡迎,更會期待與你談話的機會,只要願意掌握基本功且不斷的練習,「你好會說話喔!」這句話將會成為你的代名詞。

故事說得好

才能讓人想要跟你一起編織更完美的故事。

舒服的說話者

A comfortable speaker.

　　人與人交談氣氛的掌控是很重要的，一個不對的氣氛會使人全身不舒服，因為不舒服所以談話中想要完成的目標或目的就不可能達成。想把每一次談話氛圍都處理的順利且融洽，你就必須學習當一個「舒服的說話者」。成為一個「舒服的說話者」要先注意以下幾點：

① **注意口氣**：「口氣」除了代表語調的表達外，嘴巴的味道也是非常重要的。你一定有跟一些有口臭或剛喝完酒抽完菸的人講話，既使很想跟他促膝長談或想聽清楚他的話，都會因為他口中的味道而自然而然的越離越遠或草草結束談話。

② **注意內容**：打屁歸打屁、聊天歸聊天、談話講事情就先講完事情，說話時不要又打屁聊天又談事情，這樣講話會讓很多重要的事情因打屁而扯開話題，

別讓你的壞口氣影響
你的好人氣喔～

反而忘記重要的事。所以才會常常聽到：「我不是
上次才跟你講過嗎？你到底有沒有在記啊！」自己
說話時愛鬼扯，就不要怪別人沒用心。

③ **注意語調**：說話時語調必須「平和」，人不喜歡跟
　說話語調都帶「情緒字眼」的人溝通，尤其在一些
　有談判氣氛的談話過程，更必須要「語氣平和、立
　場堅定」的說話方式。有時溫柔的語調會比尖銳的
　語氣更有力量。

Youtube　　　　喜馬拉雅

提升聆聽耐力

　　沒有人在說話時喜歡被打岔，在別人還沒說完話時「插話」也是人際溝通的大忌。雖然這個道理大家都知道，但在很多人身上這件事好像不存在似的。很多人好像被禁錮了很久剛放出來一樣，一見面就自顧自地一直講一直講，也不管別人要不要聽。換別人在講時他只要聽到他會的關鍵字，就馬上插話把話題又搶回來。如果這種人說話有內容、聲音有磁性也就算了，但偏偏這種人都是說話沒料，聲音又像殺雞般的讓人不舒服。聆聽別人說話需要有聽懂的能力還要有聽完的「耐力」。聆聽的耐力就好像在修行一樣，你要有很強的意志才能完成，尤其遇到語意不清，講話好像鬼打牆一樣一直在無限輪迴的人，你又必須提起精神用心聽完，這種情況確實需要多年的修行或道行才做得到。

小心！
別成為說話囉嗦又不著邊際的人。

增強聆聽耐力道行

天底下有很多事情除了要「學習」外還都必須要「修行」。而聆聽耐力的修行可以由幾個方向來提升：

一、微笑的木魚

在聆聽別人在說話時，若是說太久或說得太無聊，你又不想做沒禮貌的插話者，那你可能會非常痛苦。所以你就要練就當一個微笑的木魚，永遠保持臉上的微笑而身體如木魚一樣定住不動。只要你保持微笑，對方就會覺得你有在聽而願意把內心的話一直告訴你。（當然在講難過或痛苦的事時，就不要還傻呼呼的微笑，不然你會被打喔！）

縱使你有千言萬語（雨），
也無法左右我內心的平靜。

二、點頭的娃娃

　　就如很多人車上擺的搖頭娃娃一樣，你要不斷的點頭表示認同。你的不停點頭會讓對方認為你是跟他站同一陣線的人，你也認同他的理念，跟你合作一定會很好溝通。（但有時候也要記得搖頭喔，點頭太多脖子會痠，搖一下頭可以放鬆一下肩頸喔！）

對於你偉大的想法，除了點頭已無其他方式可以代表我內心的認同感了。

(點頭~點頭~)

三、神遊的悟空

　　你要學會像齊天大聖孫悟空一樣，身體在這裡，靈魂早就不知道跑去哪裡了。遇到不好又愛講的談話對象，如果用心聽他的話你可能會吐血中風，就如學生時代聽一位完全理論派照本宣科的老師上課，上課中無法離開又要保持你優雅的風度，就要學習如孫悟空的定身術，把自己定身於現場並面帶微笑、不斷的點頭，然後思緒神遊到你有興趣的事物上。（執行定身術時必須三不五時把思緒拉回到現場觀看一下，以免就此睡著被對方發現就不好了。）

 星夜呢喃

聆聽是人際關係最好的溝通方式，培養自己聆聽別人心聲的能力與耐力，才會讓別人更掏心掏肺的把心事與你分享。這樣才會建立人與人更深層的信任感。

適時發問能力

　　人跟人的溝通談話會冷場尷尬通常都是不熟或沒有話題了，要避免談話冷場尷尬就要學會「適時發問的能力」。發問可以讓談話有節奏，也可以轉換心境與氣氛。但總有一些人不懂裝懂又喜歡隨便亂問，跟這樣的人談話常常都會牛頭不對馬嘴，被問的人也會覺得煩躁或不想回答。例如很多的新聞採訪記者為了完成新聞採訪任務就會亂問一通。

　　採訪火災現場的住戶，記者：火災時你有很快地跑出來嗎？（天啊！難道現在的我是鬼嗎？我要慢慢地走出來嗎？）

　　記者：家裡燒成這樣你會不會難過？（是怎樣，家裡火災難道要我開心的跳舞嗎？）

　　採訪燒傷住院的患者，記者：你被燒成這樣會不會很痛？（啊！～你是白癡嘛！燒傷會不痛嗎？！）以上的

問話方式不僅只有在記者身上才會聽到，我們身邊不也常常出現這樣的人嗎？不管如何，自己千萬提醒自己，永遠都不要為了填補時間或尋找話題而當一個不經大腦思考的隨便發問者喔！

發問是有技巧的

適時的發問確實需要技巧及練習的，要問得好、問得對、問得得體、問得適當就要有以下的準備：

一、針對現在的話題發問

很多人都突如其來的發問，可能是剛剛說的話題還在思考，或是剛剛在發呆沒聽清楚，所以容易發問前幾個討論或聊天的話題。這樣的發問會讓人不耐煩，因為已經換個話題了還要因為你的發問又再一次回去聊。

二、針對對方有興趣的話題問

通常有沒有興趣可以在他談話的眉宇間及話語聲調中知道，一個人在講或討論自己有興趣的話題時容易滔滔不絕的講，臉上表情也會眉飛色舞，語調更是輕盈愉快。很容易就分辨出來對話題是否有興趣。針對他有興趣的話題去問，他比較容易歡愉的跟你聊天。

三、針對關心對方狀況發問

　　以真心的關心對方，用心站在對方的立場發問。例如對方剛分手，你可以發問：「你還好嗎？」「需要聊聊嗎？」「怎麼發生的？」「我可以幫你什麼嗎？」。你關心的發問有時會給對方溫暖的安慰。

四、先行準備對方切身話題問

　　「先行準備」是談話流暢很重要的一環。很多人都認為自己很厲害，跟人對談都不需要準備，所以一切的談話內容都是以自己當時的反應及心情來說話，若是當時自己的情緒或精神狀況沒有很好，就很容易造成談話的不愉快，甚至胡言亂語的亂問一通。

 星夜呢喃

適當的發問會讓別人知道你有在關心他，適時的發問才會從對方身上學到及得到你想要的知識與資訊。

內化理解能力

　　要與人有舒服的談話，除了要有聆聽的耐力及發問的能力外，還有一項就是「內化理解的能力」。與人說話不僅要「聽到」更重要的是要「聽懂」。很多人常常因為都一知半解而造成誤會，他們不把事情問清楚通常是因為以下這幾個情況：

① **自己以為聽懂了**：有時是被自己的認知所蒙蔽了。例如：你是不是不承認，你不是不愛我，所以你是愛我？還是不愛我？以上如果你沒聽清楚就很容易被蒙蔽。

② **以為自己都會了**：人都有先入為主的想法，尤其在別人講的好像自己有一點聽過或經歷過，就會自以為是的認為自己都會了。通常這種人都容易「說出來嚇死人、做出來笑死人」。

③ **厭煩不想再聽了**：有些人動不動就容易煩躁，一遇到困難就對所有事情都不耐煩，這時任何人跟他說什麼，他都會當作馬耳東風，左耳進右耳出。也因如此，鮮少人會交付重要事情給這種人，這種人也較難得到重用。

POINT

6

真內化真理解

　　要避免以上幾點容易造成誤會的情況，我們除了時時體醒自己不該有這樣的心態外，更該學會如何可以內化理解他人說的話。以下三點就要認真學習了：

一、多看書充實自己

　　自從有網路以後，很多人已經很久都沒有看書了。也因為網路資訊非常快速，所以創造出了很多跟一般文法與詞句衝突的詞彙。許多的人把這些字詞套用在生活用詞上而造成很多人的誤會。例如：我要吉他（我要告他）、我最近很「水逆」（我最近運氣很差）、魯蛇（失敗者）、溫拿（贏家）、GG（完蛋了、輸了）。

二、有疑問就馬上問

　　不要再自以為是的太相信自己，只要有一點點的不清楚不明白就馬上發問，談話的溝通就應該是要雙方或多方都通，不然發生問題時就容易互相指責對方而傷害人脈的和諧。

　　以老阿嬤與小孫子相處的例子，有一天小孫子想自己到超市買餅乾，老阿嬤就千交代萬交代的說：「買完不要再亂跑要馬上回家喔，還有過馬路時一定要等到車子過去後你才能快速過馬路喔！」小孫子聽完說了聲好之後就出門了。經過了兩小時小孫子還沒回來，老阿嬤又擔心又生氣的認為小孫

子一定又貪玩了，這麼久都還沒回來。老阿嬤衝出門後，沒多久就看到小孫子在馬路旁邊踱步，老阿嬤一個箭步就先打了一下小孫子，並生氣的說：「我就知道你在外面玩都不回家。」這時的小孫子一頭霧水的回答：「我沒有玩啊！你不是叫我過馬路時一定要等到車子過去後才能過，那今天在修馬路，到現在都還沒有一台車子過去，我要怎麼過？」雖然這是個小笑話，但不就是溝通不良的最佳寫照嗎？

三、聽清楚話的訊息

聽話不要著急，慢慢的把話聽清楚，而且一定要聽完再做判斷或回應，不要話聽一半就衝動行事，沒聽清楚就容易誤事。主管告訴大家：「明天我們直接到高雄火車站大門口集合」。第二天，主管打電話問小明：「你人在哪裡？大家都到齊，要開會了你怎麼還沒到？」小明：「我在高雄火車站大門口啊！」主管：「天啊！我們是晚上十一點才要集合，現在是早上十一點你去幹麻？」

🌙 **星夜呢喃**

真正理解他人的話語而不是自顧自的去認為自己才是對的，才不會做出出糗甚至造成傷害人脈的事。

享受及運用人脈

04

現在的你年紀多大了，你的朋友都是好的人脈嗎？你有在享受和運用你的人脈了嗎？人脈的四個時期：「建立人脈期」、「經營人脈期」、「運用人脈期」、「享受人脈期」。每個階段都有該做的事情，你到什麼階段了？是否都有做對事情呢？每個時期又該做哪些事呢？

建立人脈期

　　人生可以建立最多人脈的時期就在於三十歲以前，因為這個年紀還沒有太多太可怕的人生黑暗面，朋友彼此的心機也沒有太大（了不起就是互相推銷產品而已）。只要你願意打開心胸大膽地去交朋友，你會發現在你平常生活的活動範圍處處都是你的朋友。

經營人脈期

　　要把人脈經營好就必須要用點心了。經營人脈階段你要學的就是「察言觀色」的技巧，時時注意別人的需求，在自己能力範圍之內盡力去滿足對方的需求。要注意的是「給對方他需要的，而不是給對方你認為他需要的」。例如：對方肚子餓想吃飯，你卻一直給他飲料無限暢飲，還自我說服說飲料也可以喝到飽啊！這表面上是你把所有的飲料都給他喝了，但卻搞得他喝也不是，不喝也不是。到最後會像拿熱臉去貼冷屁股一樣，得不到應有的掌聲或回應，人脈經營也變得進退不得。

運用人脈期

　　人脈的運用是很多人很弱的一環，尤其是現代人很多事情都不想麻煩別人，明明身邊就有人可以幫忙處理事情，偏偏要自己撞破頭了才請人幫忙。所以才會有很多的人認為自己的人脈是無效的。當然也有一些人是習慣性的亂用人脈，導致別人看到他就想躲。

　　例如：有一些人認識了餐廳的老闆或主管，就會請他們幫忙訂餐廳的座位，當然去對方的餐廳消費對方一定很開心，但是重點不是去消費，而是帶朋友去展現自己的人脈。不僅要求對方招待一些菜，還要對方到身旁聊天以展現自己能耐。到最後還要對方免費招待或是打折。天啊！你以為你是誰啊！又沒有花多少錢，還要對方應酬你，難怪人脈會被越用越遠離。

享受人脈期

　　享受人脈是大家都想追求的時期，也就是所謂的收割期。稻子要收割也要先整地、播種、照顧、除草才能收割，中間還要有充足的水分。只要少了一些步驟，稻子就會營養不良或品質不好而產量減少。要享受人脈不

認真經營人脈後你將可以
在屬於你自己的舞台上發光發熱。

也是一樣的道理嗎！建立人脈時要「大方付出」，經營
人脈時要「用心給對」，運用人脈時要「小心用對」，
只要多用一點心，時間到時你將可以盡情享受人脈帶給
你的一切好處。

滿滿經歷不如懂得借力

Leveraging is better than extensive experience.

　　「借力使力不費力」這是千古不變的道理，很多人只會嘴巴上說，但從來都不會做。有非常多的人換過許多的工作也擁有無數的經歷，但總是無法創造出屬於自己的非凡成就更不要說是完成自己的夢想了。要成就一個事業絕對不是一個人就可以完成的，你不可能又會生產、又會推銷、又會行銷公關、又會廣告、又會會計、又會管理吧？如果以上的能力你真的都會，那就恭喜你，你一定做得很差。因為你絕對沒有這麼多時間可以做完這麼多的事情還能創造出好的業績或成果。專業留給專業，不要什麼事都自己親力親為，到最後一個沒有處理好就會累死自己而一事無成。

要喝牛奶不需要自己養頭牛，
要過河更不需自己搭橋。
懂得借別人的力就可以完成自己的夢想喔！

Youtube

喜馬拉雅

共享與互利

　　現在世界已經走入共享經濟的年代，如何把「別人有的拿來用，自己有的分人用」才是這個世代的你必須學會的事。從 Uber、Airbnb、Facebook、Obike，以及共享的單車、汽車、房子、資訊、能源⋯⋯等等，太多的生活行為、經濟活動都互相的共享與互利。如果你還覺得別人是別人的、你的是你的，那你就開始走向落伍的獨居老人生活了。

共享經濟就是別人有的拿來用，
自己有的也記得分人用喔！

互利是需要互相的

要輕鬆的享受人脈就要懂得彼此共享與互利，

人跟人相處必須是互相的，

有些人常常喜歡貪小便宜，

當別人提供資源時就會想盡辦法去使用，

吃乾抹淨就拍拍屁股離開。

但當別人要請求他提供資源或能力時

就開始推三阻四找盡各種理由逃離現場，

這種人總覺得自己佔到了別人的便宜，

卻沒想到大家不是白癡，

點點滴滴大家都會記在心裡的。

 星夜呢喃

把自己的資源及能力大方的拿出來分人使用，當你能共享資源
滿足別人的需求後，你將獲得別人共享給你更多更多你所需要
的一切資源。

再強沒有 Google 強

也許現在的你任何事情都可以不假他人自己獨力完成，那真的要大聲地恭喜你，你的能力真的非常強。也許你一遇到任何問題與困難就會馬上去學習，讓自己學會非常多的知識與技能，並以自己擁有的能力與學識沾沾自喜。但別忘了，從網路時代的來臨，互聯網上的資訊已經無法計算它的數量及容量了，你腦中的資訊量也只是 Google 的數億分之一。

以前沒有電腦網路的年代，學生的功課都要靠平時的學習或到圖書館找尋資料來完成。但現在學生的任何功課只要你會使用電腦、手機及網路，沒有找不到的解答方法，除非你不會使用搜尋功能。再強也沒有 Google 強，當你還在用加、減、乘、除計算時，互聯網已經幫你設好所有參數，只要你輸入數據，它將在幾秒甚至零點幾秒內算出你要的任何答案。

透過互聯網學習更多

因為以上的論調，所以你就認為我們都不用學習了嗎？如果是這樣想你就大錯特錯了，因為我們要學習的是更多、更多、更多的資訊與技巧。透過互聯網我們必須學習的是：

一、使用的能力

很多人很怕去學習新的事物，怕自己學不會、怕自己丟臉而不去學，因此越不學習就越不會，越不會就越脫節。例如很多人買了很貴很棒的智慧型手機，卻只會使用接、打電話、照相、傳簡訊及上網看通訊軟體，收發貼圖及對話。天啊！你會的功能可能只是你手機功能的十分之一，可能到手機用到壞時你都還不會使用其他功能。（想看你的手機有什麼功能就去 Google 吧！）

二、搜尋的能力

　　雖然網路上的資訊多得無法計算，但只要你不會搜尋那就等於沒有用。當然不僅要會搜尋還要搜尋到「對的資訊」，不然你將依循錯的資訊去走向錯的方向。

三、辨別的能力

　　因為網路上的資訊取得容易，所以要散布不實事情也是非常快速的。資訊的好壞對錯不是它說的就算，盡信書等於無書，很多人常常在高談闊論它在網路上得到的資訊。而我們在他旁邊總感到汗顏，因為他說的很多事情都是錯的，但一糾正他，他就會立即拿出網路資料反駁你，還告訴你要多看網路資訊。我的老天鵝啊！可以讓這種愚蠢的事不要再發生了，可以嗎？

在 Google 大神充斥的年代，要記得還是要多多
用自己頭腦去分辨是非對錯與真假喔！

四、自主的能力

　　網路上太多的人隨波逐流、人云亦云，別人贊成就跟著贊成，別人反對就跟著反對，完全沒有經過大腦思考。就是這樣才讓一些有心人士可以隨意操控網民。只要看到一些別人犯的錯就像吸血蝙蝠一樣群起攻擊，把人攻擊到體無完膚後再回頭想想，好像也沒有這麼嚴重需要被這樣公幹。拿出你的自主能力，別讓你的良心被別人利用了。

五、控時的能力

　　智慧型手機的降臨，讓非常多的人被綁在使用手機的世界裡，一天二十四小時除了洗澡睡覺外幾乎都手不離機，就因為這樣得到了資訊卻遠離了人群。即便是難得一起吃飯，每個人還是低頭看手機，連聊天的時間都沒有。久而久之人就越來越不喜歡互動，個性也會越來越自我，說話也會越來越傷人。

☁ 星夜呢喃

水能載舟、亦能覆舟，善用網路資訊而不要被網路綁架了你的一切。凡事多看、多聽、多求證，別讓網路不對的訊息影響你的判斷而做出讓你後悔的事。

正確的使用，你會發現 Google 是大神，
錯誤的使用你將變成 Google 創造的神經病。

找尋適合的平台

平台經濟是這個世代很重要的產物，
誰擁有平台就擁有資源、擁有人脈。

平台絕不是某個藝人
在舞台上給你的「滿滿的大平台」這麼簡單。

如果假設公司是你的平台，
你必須思考你能為這個公司做那些事，
這個公司又能提供給你什麼回饋。

很多人一直在抱怨公司

事情多、福利差、

老闆差、同事差，

連薪水都很差。

明明知道這個公司（平台）不適合自己，

卻沒勇氣可以離開，

只會一直抱怨也一直委屈地做下去。

6

平台不對就不該留戀

　　你想想看，因為一個不對的平台造成你的不舒服不愉快，還有滿腹的委屈及滿口的抱怨，一個一直抱怨的人會有好的人脈嗎？朋友光是聽到你的抱怨就不想跟你聊天了，哪還會想跟你交心。所以當你處於不對的平台時就應該速速離開，並找尋一個合適的平台。這樣的說法當然不是叫你在公司不愉快就離職，而是捫心自問這個平台有你的未來嗎？在這個平台能夠完成你想要的夢想嗎？如果答案為「是」，那你就認認真真的提升自己能力並減少抱怨，在這個平台裡發揮你的能力吧！那如果答案為「不是」，那你還想什麼，腳底抹油就趕快離開了啊！不要永遠都用「人在江湖，身不由己」、「人要為五斗米折腰」這種老詞來掩蓋你內心的懦弱。

找到「滿滿的大平台」
才能讓你的夢想飛快地完成！

☁ 星夜呢喃

找到一個合適自己的平台就像找到一個伯樂一樣，你將可以在對的平台如魚得水的發揮所長，好的平台才比較容易有好的人脈，也才可以輔助你完成更多你想做的事。

建立志同道合的團隊

　　不怕神一樣的對手，只怕豬一樣的隊友。工作需要團隊、事業需要團隊、打球需要團隊，玩樂也需要團隊。一個能力不均、目標不一、想法不一、做法也不一的團隊，只會把你拖進失敗的深淵。一個志同道合的團隊可以讓你做事事半功倍，即使失敗大家都可以一起檢討一起承受。當然，很多人終其一生都找不到一個志同道合的一群人，這時你應該檢視你的人脈夠不夠多到可以讓你組成一個志同道合的團隊。

　　不要羨慕別人的團隊都非常厲害，目標做法都可以一致，那是因為你從沒有用心去交朋友，交了朋友也沒有了解對方的想法、做法及能力。主動出擊建立大量人脈才是你該做的事，有量（朋友的數量）才有挑選的權利，沒量只有被挑選的宿命。找到你志同道合的團隊可能會改變你的人生與命運。

有一個真實的案例，我稱為〈小融的故事〉，小融從小就是個沉默寡言唯唯諾諾沒自信的人，由於身高又矮又小，時常都被人取笑，導致他越來越孤僻。周遭的朋友也認為他一輩子應該就這樣了。他也跟小時候的朋友全部都斷了聯繫。

　　直到二十年後的某一天，幾位小時候嘲笑過他的朋友一同參加了一個攝影大師的講座，當場差點嚇到噴飯，今天我們繳幾萬元來學習的那位台上的大師不就是小時候的那個「小融」嗎？天啊！他怎麼成為大師了，還在百人的場合侃侃而談，講述著他的所有專業。「他怎麼這麼厲害！」「他怎麼變了一個人！」「他怎麼賺了這麼多錢！」這群人驚訝著討論著。

直到講座結束這群人才跑去問這位大師「小融」。現在的小融已經是一號人物了，看到了從前曾嘲笑他的這些人不但沒有輕視他們，反而更雀躍地分享著他的轉變過程。

　　他說：小時候他確實在意別人的眼光而活得很辛苦，甚至不想跟任何人交往。就是因為這樣他把他的委屈全部想像成漫畫畫在一張又一張的紙上，因為每天一直畫，越畫越有心得也越畫越好，後來就在網路上放上自己的作品。因為網路上不需要跟人見面交談，所以小融過得相當開心。

　　直到有一天，一群玩角色扮演（COSPLAY）的玩家找上他，請他幫忙創造出幾個角色來扮演。因為畫畫已成為他的興趣與生活，於是他就接了下來。就這樣一年一年的過了，他創了不少角色，不但如此他自己也成為了 COSPLAY 的玩家，更擁有了一群志同道合的玩家團隊，在那裡他們一起討論、一起研究，有共同的話題及

共同的目標。在 COSPLAY 的世界裡他只須扮演別人不需演出自己，所以他就放開了自己的心，大膽的和人群接觸。

而 COSPLAY 的世界需要有人把裝扮時的一切攝影下來，於是他就開始去接觸攝影並專研所有攝影的技巧，因為攝影也需要一直跟人討論角度及感覺，所以就變得越來越會表達自己的意見與感受。也因為攝影的作品受到非常多人喜愛，於是就開了個人攝影展，到現在已經開了數十場展覽，並成為真正的攝影大師。聽完他改變人生的故事，這群人只能不斷的點頭表示讚嘆並甘拜下風。

星夜呢喃

千金易得、知己難尋，找到你志同道合的一群人並建立團隊，它將有可能澈底改變你的一生，並翻轉你的人生。

成為人脈交流中心

Become an interchange center.

　　平常沒事時除了家裡以外，你會窩在哪裡呢？有些人會窩在咖啡廳喝杯咖啡，看看書滑滑手機打發時間，有人會到朋友的店或熟悉的店跟老闆或店員打屁聊天。不管窩在哪裡，你是只想打發時間還是想利用時間拓展人脈，因為想法的不同，時間的運用就會不同。你身邊有一些人圍繞著你或是總有人喜歡纏著你嗎？成功的人士身邊永遠都有一群人在走動，因為只要跟著他就能認識更多更多不同領域的人，而這些成功人士就是人脈的交流中心。

　　要成為人脈交流中心，首先你就要成為一個更好的人，要讓自己像一塊大海綿，吸收大量的知識與資訊，讓每個人在你身上都能獲得源源不絕的資訊與資源。更要讓自己變成一塊大磁鐵，把各類人脈都吸引過來，再把每個人的能力與能量整理出來，讓大家可以在你這裡相互交換利用。

快速建立你的人脈網絡，
成為你朋友中的人脈交流中心。

Youtube

喜馬拉雅

POINT

1

經常整理人脈

你是否曾經在整理倉庫時，才翻出原來你有很多東西早就有了，但可惜已經放到過期或壞掉。人脈庫就跟家裡的倉庫一樣，一段時間不去整理就會布滿灰塵，如果再不去清理很快你就會漸漸忘記裡面有什麼東西，明明已經有的東西你還會一直買回來，並又一次的堆積在倉庫裡。所以為了不浪費人脈資源，你必須時常整理你的人脈，讓人脈資訊不斷的更新，更要讓你的人脈不斷的交流，人脈交流的次數越多就如「複利」的威力一樣會爆炸到讓你驚訝。

而整理人脈資料當然不是只有像很多業務員一樣，把客戶名單做成一份又一份的資料存檔就認為已經有整理了，因為整理後不知道怎麼連結與運用，這些人脈了不起只會成為你要銷售東西時的客戶名單，始終成為不了你隨時可以運用的人脈網絡。整理人脈必須要有系統化、連結化，在你想要用時才知道該從哪裡找。

人脈九同格

十幾二十歲就踏進業務界，每天面對的都是客戶名單及人脈資源。花了不少錢進修無數關於人際關係跟人脈經營的課程，到最後還是搞不懂人脈從哪來？又該如何經營、如何整理？於是就把學到的所有知識整理出來，並把人一生的人脈整理成九個區塊，我就稱它為「人脈九同格」。每一個人都應該先列出一份自己的「人脈九同格」，而且要時常拿出來整理檢視並隨時補充新的人脈進去。

列「人脈九同格」的方法：

① 準備幾張白紙及筆

② 先在一張白紙上畫上井字線

③ 從左上開始填寫，填寫的字為：同居、同學、同事、同業（行）、同儕（袍）、同好、同修、同宗、同鄉。

④ 填寫順序為：左上、中上、右上、左中、中中、
右中、左下、中下、右下。

同居	同學	同事
同業（行）	同儕（袍）	同好
同修	同宗	同鄉

⑤ 讓自己沉靜思考一下並依序開始在每個格子內填上想
到的人名，忘記人名時可以用代號、綽號或形容樣貌
的方式填寫（例如：戴著眼鏡流著鼻涕的男孩）。

⑥ 填寫九同格必須一格一格填寫，千萬不可跳著思考
跳著寫。第一格寫完檢查完真的沒有了，或想不到
任何人了，再開始寫第二格。

   a. **同居**：舉凡你從小到大跟你住過的家人、親戚、
朋友。

   b. **同學**：從你的幼稚園開始思考，寫完幼稚園再
寫國小一年級，寫完一年級再寫二年級，以此
類推一直寫到你最後一個畢業的學校（含其他
班級的人或學長姐、學弟妹、老師等）。

c. 同事：從你有打工開始，第一份工作、第二份工作……以此類推一直寫到現在的工作（從老闆寫到工友）。

d. 同業（行）：舉凡你每一份工作會接觸到除了同事外的人（至少會點頭或打招呼）（例如：上、下游廠商、快遞、常叫下午茶的店家店員、常去吃中餐的店家店員……等）。

e. 同儕（袍）：想想看你是否有一些朋友是跟你差不多年紀而他卻不是你的家人、同學或同事，但你卻認識他，或你曾當兵過，當兵認識的所有人。

f. 同好：共同興趣的人。例如一起打麻將、一起打球、一起唱歌、一起玩音樂、一起喝咖啡、一起參加活動……等。

g. 同修：除了學校正規學習外，還有曾經進修、補習而認識的人，或因信仰宗教（教會、佛堂、廟宇）而認識的人。

h. 同宗：舉凡所有想得到的親戚（從父親方、母親方去思考）。

i. 同鄉：從小到大有住過的每個地方，附近認識的鄰居、店家，生活圈有接觸到的人。

填寫一次人脈九同格大概會花幾個小時，填寫後必須時時拿出來檢視、補充或做人脈的連接。當你認為自己苦無人脈時，就在靜下心來重新再寫一次，你將會發現原來你認識的人這麼多，不是沒有人脈，而是你自己不懂得如何運用人脈。

 星夜呢喃

人不可能沒有人脈，只是你會不會整理及運用。透過人脈九同格的填寫，讓你時時都能不斷地檢視自己，讓你的人脈可以充分運用。

人脈九同格

同居	同學	同事
同業	同儕	同好
同修	同宗	同鄉

時時使用人脈九同格，
你將有源源不絕的人脈供你使用。

主動提供協助

　　一般的人都是不想麻煩別人的，所以遇到麻煩或困難時，很多都會悶著頭自己處理，直到處理完了或處理不了，事情大條了才會告訴別人。所以我們才會常常聽到：「你怎麼不早點說？」「發生這麼大的事情，你怎麼都不說？」「我早就知道了，就看你什麼時候要告訴我」「都已經發生了，你現在才說？」……。天啊！不是每個人都想把自己的真實狀況公諸於世的好嗎，更何況你是他值得信任的人嗎？他跟你說，你有能力幫他解決嗎？有時明明都已經知道了，為什麼不主動幫忙呢？協助別人確實需要「量力而為」，不能「打腫臉充胖子」，在你能力所及時，是否真的願意主動幫助別人才是別人願意跟你交流的重要關鍵。

適時的為別人提供協助，當你需要幫助時，
才不會有雙手把你「推」下去。

別當事後諸葛亮

　　要成為人脈交流中心，就必須要有主動提供協助的心態跟能力，不要每次只會當事後諸葛亮，放了一堆馬後炮後又沒有任何建設性的幫助。人有困難不是不講，而是不知道該怎麼講。想像一下當你遇到麻煩或困難時，有人主動來你身邊關心你，甚至用盡所有能力、人脈來幫助你渡過難關還不求任何回報，你是否也會掏心掏肺的跟他交心。當然你也可能會說：「天下沒有這種人，每個人幫你都會想要回報的。」「沒有人會無緣無故地幫你。」是啊！你說得很對，因為「你」一定就是那種凡事都看利益，做事都一定求回報的人。人之初、性本善，不是所有人都跟你一樣有目的才去接觸每個人的。有時你的一句：「需要幫忙嗎？」會成為對方心中的一股暖流，讓對方內心的浮木彷彿找到了依靠。可能你的一個主動關心與協助，就會擁有一個擁護你一輩子，跟你交心一輩子的好朋友。

🌙 星夜呢喃

常把「需要幫忙嗎？」掛在嘴上，你將會發現你身邊會有越來越多的人願意跟你交心，你的人脈網絡也會越結越大。

時時存好心、說好話、做對事

　　害人之心不可有、防人之心不可無，這兩句話是每個人從小就懂得的。不僅不能有害人之心，就連傷人之話都不可以說。俗話說：利刀傷人痕易消，惡語傷人恨不消。不要因為一些事情讓你口不擇言出口傷人，尖銳傷人的話是破壞人際關係很大的主因，或許說的當下沒有什麼立即反應，但被傷的對方可能把這句話記一輩子，等到哪天機會來了會給你重重的反擊。

　　在人際的相處上只要你時時存好心、說好話，比較會有好的人緣，也會吸引很多的人願意跟你一起相處或打拼。但要讓你周遭的人脈對你充滿信任感，就必須多加一項條件就是「做對事」，選擇「對的事情」來做，並把所有「事情做對」都是非常重要的。如果你無法判定事情的對錯，那就多去請教比你更有能力的人。讓別人來教你，總比你做了一堆錯的事情後，再來改正要好太多了。

POINT
6

收起你的情緒

　　「情緒管理」是老生常談的話題，在這本書的最後一個章節來談這個話題，就表示這是絕大部分的人一直無法拓展大量人脈的最大因素了。因為你的情緒會降低你的正能量，並不斷提升「負面能量」。當你有太多負面能量時可能變得懶散、可能變得無趣、可能變得說話傷人、可能變得多愁善感、可能變得憤世嫉俗，你總有很多的抱怨產生，不管什麼事你都能雞蛋裡挑骨頭，都有不爽的事情可以說嘴。你的一個情緒抒發，卻讓一堆人可能因為這樣而對你敬而遠之。

 星夜呢喃

不要把別人犯的錯誤拿來懲罰你自己，增強自己處理問題的能力而不是擴大自己的情緒讓別人害怕。有時一直到你的情緒都結束了，別人都還不知道你在氣什麼。

時時保持愉快的心情，
別讓情緒趕走你的人脈喔～

　　沒有人喜歡跟一個負面情緒及愛抱怨的人相處，即便你身邊有一堆貴人，也都會因為你的情緒而跑的煙消雲散。收起你的情緒，對你做的事情燃起熱情，並時時刻刻保持熱度，別讓別人的冷水澆熄了你的熱火，更別讓你自己的情緒毀滅了你的熱情。當有情緒上來的時候，請你不斷的提醒自己沒什麼大不了的，別讓你一時的衝動情緒，破壞你辛苦建立已久的人脈網絡。

人脈
自動上門來

翻轉魯蛇人生，讓伯樂主動來敲門！

書　　　名	人脈自動上門來： 翻轉魯蛇人生，讓伯樂主動來敲門！	
作　　　者	豆子金	
發　行　人	程顯灝	
總　編　輯	盧美娜	
主　　　編	盧欀云	
美　　　編	譽緻國際美學企業社 ・ 羅光宇	
繪　圖　者	吳妃妃	
出　版　者	四塊玉文創有限公司	
總　代　理	三友圖書有限公司	
地　　　址	106 台北市安和路 2 段 213 號 4 樓	
電　　　話	（02）2377-4155	
傳　　　眞	（02）2377-4355	
E - m a i l	service@sanyau.com.tw	
郵 政 劃 撥	05844889 三友圖書有限公司	
總　經　銷	大和書報圖書股份有限公司	
地　　　址	新北市新莊區五工五路 2 號	
電　　　話	（02）8990-2588	
傳　　　眞	（02）2299-7900	

初　　　版	2017 年 11 月
定　　　價	新臺幣 320 元
I S B N	978-986-95505-3-6（平裝）

◎ 版權所有・翻印必究
書若有破損缺頁，請寄回本社更換

國家圖書館出版品預行編目 (CIP) 資料

人脈自動上門來：翻轉魯蛇人生，讓
伯樂主動來敲門！/ 豆子金作 . -- 初版 .
-- 臺北市：四塊玉文創 , 2017.11
面；　公分
ISBN 978-986-95505-3-6(平裝)

1. 人際關係 2. 成功法

177.3　　　　　　　　　　　106018578

http://www.ju-zi.com.tw

友直 友諒 友多聞

三友官網

三友 Line@